LA VÉRITÉ

SUR LA

FAMILLE DES LUSIGNAN

DU LEVANT

LA VÉRITÉ

SUR LA

FAMILLE DES LUSIGNAN

DU LEVANT

LA VÉRITÉ

SUR LA

FAMILLE DES LUSIGNAN

A MONSIEUR LE COMTE DE MAS LATRIE

Directeur de l'École des Chartes à Paris

MONSIEUR LE COMTE,

La publication, dans le *Messager de Constantinople*, de certains documents concernant ma famille a eu l'avantage d'attirer votre attention. Dans une lettre que vous avez bien voulu adresser au directeur de ce journal à la date du 25 novembre dernier, vous dites : « J'ai lu avec un extrême intérêt les documents généalogiques et nobiliaires que Messieurs de Lusignan publient.... et je ne puis vous cacher combien j'ai été frappé à la simple lecture de l'aspect et de la forme d'authenticité que portent plusieurs d'entre eux. » Et ensuite vous ajoutez, Monsieur le Comte : « Il me serait extrêmement agréable de recevoir tous les documents qui ont paru déjà et tous ceux qui pourraient être publiés dans la suite par Messieurs de Lusignan, à qui je vous prie de vouloir bien transmettre ma requête. »

Profondément touché du soin et de la sollicitude que vous mettez à éclaircir un point historique, qui se trouve avoir pour moi un intérêt personnel, je m'empresse de soumettre à votre appréciation éclairée tous les documents qui se trouvent en ma possession et qui m'ont été légués par feu mon père.

Avant de le faire cependant, vous me permettrez, Monsieur le Comte, de vous exposer les raisons qui ont motivé leur publication partielle dans les journaux de Constantinople, et celles qui me déterminent aujourd'hui à les rendre publiques également en France.

Un journal français de Constantinople, *le Stamboul*, avait publié le 9 février 1880, un article intitulé *Les Lusignan*, et dont voici la teneur textuelle :

L'Encyclique de Sa Béatitude le Patriarche des Arméniens et l'Evêque Khorène Nar Bey, au sujet de l'usurpation du nom de Lusignan.

Quand, après le traité du 4 juin 1878, passé entre l'Angleterre et la Turquie, nous avons vu le public s'intéresser à tout ce qui pouvait de près ou de loin avoir rapport à l'île de Chypre, nous avions fait mention qu'il existait encore en Orient une branche de cette vieille race française qui, pendant quatre siècles, avait régné sur Chypre, et nous faisions observer à nos lecteurs que les descendants du prince Vincent de Lusignan étaient *seuls* les vrais héritiers des anciens rois de Chypre, attendu que celui-ci était le *seul Lusignan d'Outre-Mer* que la France avait reconnu et reconnaissait comme tel depuis et après la conquête de l'île de Chypre par les Turcs.

Si alors nous avons été amené à faire cette déclaration, et à la faire d'une façon aussi catégorique, c'est parce que la *Gazette de l'Allemagne du Nord* venait de découvrir en ce moment qu'il existait aussi à Saint-Pétersbourg *un indigent suspecté de folie, lequel prétendait être un Lusignan*, et parce que, après elle, le journal français *le Temps* nous apprenait encore que trois *Arméniens* de notre ville, *sujets de la Sublime Porte, les trois frères Kantaroglou* dits de Nar bey, lui avaient déclaré être aussi des *princes de Lusignan.*

Il n'y a personne ici, que nous sachions, qui ait jamais pris au sérieux la prétention de ces Arméniens de Psomathia, que tout le monde connaît, de se donner pour des Lusignan, bien que le cadet, Khorène Nar bey, soit évêque, c'est-à-dire qu'il appartienne à l'Église arménienne, où l'honnêteté et l'honneur sont de tradition. Nous sommes persuadés que, malgré tout le mal que les deux autres, Joseph et Ambroise, se donnent depuis un an à Paris où ils sont établis pour faire un peu parler d'eux, nul ne s'est laissé prendre davantage à ce rôle de princes et de prétendants que veulent jouer en France ces fils de Kivork Kantaroglou, qui, tantôt tailleurs, brocanteurs, marchands d'habits, typographes, comédiens ou princes, passent leur vie à s'appeler Calfayan, Nar bey ou Lusignan, selon leurs convenances ou leur bon plaisir.

Mais voici deux faits locaux qui viennent de se produire et qui nous obligent de nouveau à nous occuper de ces individus, que nous avions perdus de vue depuis. (Du reste, le journal arménien *La Lus*, dans un article d'une violence extrême contre les Kantaroglou dits de Nar bey, les qualifie, non sans quelque raison, d'un « embarras pour la nation ».)

Nous voulons parler de la lettre que l'évêque Khorène Nar bey a adressée le 13/25 octobre dernier à Sa Béatitude le patriarche des Arméniens, son chef spirituel et national, pour lui *signifier* qu'à l'avenir il ne s'appellera plus que prince de Lusignan, et la réponse du patriarche à cette lettre, réponse portant refus de le reconnaître autrement que sous le nom de Nar bey. Comme quelques explications sont nécessaires pour faire comprendre les motifs qui ont amené l'évêque Khorène à écrire cette lettre, nous allons en quelques mots les faire connaître à nos lecteurs.

En chargeant celui-ci d'accomplir, selon un vieil usage, une tournée pastorale en Roumanie et en Autriche-Hongrie, le conseil mixte national, avons-nous appris, avait refusé à l'évêque Nar bey de lui délivrer des lettres d'introduction auprès de ces gouvernements avec le nom de Lusignan, que celui-ci avait cherché à faire introduire, et c'est ce refus du conseil national qui a motivé de la part de l'évêque Khorène la lettre qu'on va lire :

« A Sa Sainteté Monseigneur le Patriarche, Président du Conseil Mixte de l'Administration Centrale Nationale,

à Constantinople.

« Sainteté,

« Son Altesse Royale le Prince Louis (?), qui, en vertu de documents de famille, est reconnu (*sic*) par le gouvernement impérial de Russie, où il demeure depuis 1829 comme descendant en ligne directe des Lusignan, rois de Chypre, de Jérusalem et d'Arménie, par *sa lettre officielle* (sic) du 19/31 octobre 1878, a eu l'honneur *de déclarer* à Votre Sainteté *que moi et mes frères* nous sommes issus (?) *de son oncle paternel* Amaury Joseph Nar bey, prince de Lusignan, ce qui par conséquent le rend *notre grand-oncle paternel.*

Son Altesse Royale, *comme chef de notre famille, exige* que moi aussi je prenne à l'avenir, comme *Elle et mes frères*, le nom *réel* et historique des Lusignan, qui par le fait qui précède appartient à ma famille.

Or, comme il n'est pas possible que les membres *d'une même famille* se servent de surnoms différents, et comme *c'est mon droit inviolable* de me servir de ce nom que *mes pères* m'ont laissé en héritage, moi aussi en conséquence *je suis forcé de prendre dorénavant mon nom paternel de Lusignan,* et j'ai l'honneur de porter *cette décision* à la connaissance de Votre Sainteté et d'être

« Son très humble serviteur en Jésus-Christ.

« KHORENE, évêque

« NAR BEY DE LUSIGNAN.

« Béchiktach, le 13/25 octobre 1879. »

Il n'y aurait plus qu'à tirer le rideau après la lecture de cette lettre : car, ramenée à sa plus simple expression, elle dit ceci :

C'est que le 19/31 octobre 1878 un individu qui se prétend prince de Lusignan et qui habite la Russie depuis 1829, est venu déclarer au patriarche arménien que les frères Kantaroglu, dits Nar bey, *sont issus* d'un certain Amaury Joseph Nar bey, prince de Lusignan, lequel était *son oncle paternel,* ce qui, dans ce cas, leur donne la qualité de neveux de cet individu. Or, le dit prétendu prince ayant annoncé cela à Sa Béatitude, il *exigeait* aujourd'hui que l'évêque Nar bey prît, comme lui et comme l'ont déjà fait ses frères, Joseph et Ambroise, le nom de Lusignan. Celui-ci déclare au patriarche qu'il est *forcé* de se conformer à la volonté de son *oncle,* et il *notifie* an prélat que *dorénavant* il ne s'appellera plus que prince de Lusignan.

Tel est l'esprit de cette lettre et, après l'avoir lue, n'est-on pas bien en droit de se demander si elle ne tient pas de l'imposture ou de la folie ? Car il n'existe pas deux manières de qualifier ce document, quel que soit notre désir de n'être pas sévère envers Mgr Khorène.

Comment supposer, en effet, que l'évêque Nar-bey ait pu sérieusement croire que le patriarche des Arméniens, c'est-à-dire le chef spirituel et civil de la communauté, aurait jamais pu consentir à le reconnaître pour un Lusignan, sur la simple déclaration d'un individu qui, fût-il réellement un prince de Lusignan, n'a à ses yeux aucune des qualités qu'il faut pour l'engager à accueillir ou à prendre au sérieux une demande de cette nature ?

Quelles preuves, d'ailleurs, Mgr Khorène a-t-il données au patriarche arménien pour le convaincre ?

Comment prouve-t-il :

1° Que cet individu est un Lusignan ;

2° Que cet Amaury-Joseph Nar bey est aussi un Lusignan connu ;

3° Que cet Amaury-Joseph Nar bey, *aïeul* de Khorène et duquel lui et ses frères *sont issus*, Arménien pur sang, en un mot, peut être l'oncle paternel de ce prétendu prince, qui se dit grec orthodoxe, car il n'y a pas d'exemple dans les deux

Eglises orientales dont il s'agit d'un fait que des deux enfants, fils légitimes d'un même père, l'un puisse être Grec et l'autre Arménien.

4° Enfin, comment les Nar bey sont-ils Nar bey, puisque deux ans avant ils s'appelaient Calfayian, lorsque sur les registres du patriarcat ils sont qualifiés être fils de *Kivork Kantaroglou*, et que ce Kivork lui-même est désigné comme fils de *Usep* (Joseph) *Kantaroglou?*

Il paraît que Monseigneur Khorène n'a pu donner à Sa Béatitude aucune de ces preuves, sans lesquelles son changement de nom ne pouvait être accepté par le patriarcat arménien, puisque dans son Encyclique du 31 octobre (12 novembre) dernier, que nous reproduisons plus loin, Sa Béatitude lui déclare très nettement ce qui suit :

« Je ne saurai jamais admettre le changement de nom de l'évêque Khorène Nar bey par celui d'une vieille famille princière comme celle des Lusignan, avant que Sa Grandeur n'ait communiqué à ce patriarcat national *les preuves authentiques* de la généalogie de sa famille. Jusqu'à ce que ces preuves me soient données par Monseigneur Khorène, le Patriarchat national arménien continue à reconnaître l'évêque Khorène sous *le nom seul de Nar bey.* »

Et comme si cette leçon de délicatesse pouvait ne pas suffire à son évêque, Sa Béatitude ajoute encore ceci : « Dans l'opinion de ce patriarcat, et je crois nécessaire de le dire publiquement, le titre le plus élevé de Monseigneur Khorène est son titre d'évêque, lequel doit lui suffire, s'il veut se rendre digne du respect de tous. »

De ce qui précède, il ressort donc clairement que cet acte de reconnaissance de neveu fait par le prétendu prince de Lusignan et expédié de Saint-Pétersbourg au patriarche arménien, que cet acte semble considéré pas celui-ci comme peu authentique, ou entaché de captation, ou bien comment expliquer le silence de Monseigneur Khorène, quand Sa Béatitude, pour le reconnaître comme Lusignan, ne lui demande que les preuves authentiques de la généalogie de sa famille ?

Si ces preuves font défaut, comme tout semble l'indiquer,

comment les frères Nar bey ont-ils pu alors se faire reconnaître par ce prétendu Lusignan comme ses neveux, et lui, de son côté, comment les a-t-il reconnus comme tels ?

De pareilles parentés ne s'établissent, on le sait bien, qu'au moyen de documents sérieux, tels qu'actes de l'état civil, actes de baptême ou autres, mais tous irrécusables et authentiques ; or, ou les Kantaroglou sont en possession de ces preuves, ou ils ne le sont pas.

S'ils le sont, et qu'ils aient pu établir leur parenté avec leur oncle de Saint-Pétersbourg, pourquoi ne les ont-ils pas exhibés aussi à leur propre autorité, quand ils sont venus lui demander de les reconnaître pour des Lusignan, et se sont-ils contentés d'arguer seulement de la lettre de leur prétendu parent?

S'ils n'ont pas ces preuves, nous n'achèverons pas notre pensée car nous considérons alors le cas des Kantaroglou Nar bey comme très grave, surtout si, comme on nous l'affirme, les vrais Lusignan sont décidés à en appeler contre eux à la justice française, en leur qualité de citoyens français.

Qui est ce prétendu Lusignan de Saint-Pétersbourg que les Kantaroglou déclarent leur oncle et que celui-ci reconnaît pour neveux ?

En août dernier, S. E. Chakir pacha, ambassadeur du Sultan à Saint-Pétersbourg, recevait d'un sieur Louis de Lusignan, établi à Saint-Pétersbourg, une requête à transmettre à la Sublime Porte.

Cette requête déclare en substance que le signataire est fils d'un Chypriote Christodulos de Lusignan, grec orthodoxe, qui en 1818 avait quitté Chypre avec sa famille pour éviter d'y être massacré, mais qui n'avait pas moins réussi à emporter avec lui le trésor des Lusignan, une bagatelle de 140 millions de francs (35 millions de roubles) ; qu'en passant par Constantinople (il se rendait en Russie) Christodulos avait confié cette fortune au métropolitain de Nicomédie, son beau-frère ; que celui-ci ayant été pendu en 1821, le trésor des Lusignan a été confisqué par le gouvernement du sultan Mahmoud, etc. etc.

La requête conclut ainsi :

« Comme ces temps de barbarie sont passés, le signataire

réclame aujourd'hui de la justice du sultan Hamid réparation du tort causé à son frère et à lui-même, c'est-à-dire restitution des 140 millions de francs, ainsi que celle du domaine royal des Lusignan.

« Dans ce cas, le signataire s'engage à en abandonner la moitié à S. M. le Sultan et *à récompenser très largement tout fonctionnaire* de la Porte qui l'aidera à rentrer en possession de son héritage. »

Cette requête a été remise à l'ambassadeur ottoman en dehors de toute entremise, même *officieuse*, de la chancellerie russe.

Elle était accompagnée de la copie de trois documents, dont les originaux sont en langue grecque :

1° Un testament de Christodulos ;

2° Une lettre du métropolitain de Nicomédie, adressée à son beau-frère « le très illustre prince de Lusignan ».

3° Un autre document portant en tête le mot grec *Ieron* (Sacré).

Le testament porte la date de 1818 ; la lettre du métropolitain, celle de 1821 ; enfin le dernier document, celle de 1816-17.

Le testament et le *Ieron* ont été dressés à Chypre ; quant à la lettre, elle est datée de Constantinople. Notre opinion, et ce sera, nous n'en doutons pas, l'opinion de tous ceux qui sont un peu au courant de l'histoire des princes français de la maison de Lusignan, cette opinion, quand on lit ces documents, est que le testament et le *Ieron* sont œuvre d'imposture.

C'est d'abord la langue grecque que ce Chrystodulos emploie pour faire son testament, lorsqu'il n'y a que lui peut-être qui ne saura pas que les Lusignan n'ont jamais cessé de considérer le français comme la langue dont ils ont fait usage toujours, et en toute circonstance, bien plus encore s'en seraient-ils servis n'étant plus que de simples citoyens.

Cela nous fait penser, disons-le en passant, que d'après Chrystodulos ils étaient en ce moment sujets de la Porte !

Il y a plus : Christodoulos déclare que cet acte a été dressé dans l'église de Kikko, en présence des évêques, archontes et prévôts de l'île, après que plusieurs *Te Deum* ont été chantés (?); que lui,

Christodoulos, a vécu et mourra dans le giron de l'Église gréco-orthodoxe, *religion de ses pères* (??); qu'il lègue à son fils unique, Louis, tous ses droits à l'héritage de ses pères, y compris le trésor qu'il a soin d'énumérer en doublons d'Espagne, ducats, mahmoudiés, etc., etc., en tout cent quarante millions de francs. Le testament est signé par quatre témoins, et ces signatures sont certifiées... par Christodoulos lui-même.

La pièce intitulée *Ieron* est une généalogie à la façon de saint Mathieu, et c'est encore Christodoulos qui garantit l'authenticité des signatures qui figurent au bas de cet acte.

Nous nous sommes d'ailleurs adressés à ce couvent de Kikko, et à beaucoup de Chypriotes appartenant encore à cette époque : nul n'a jamais entendu parler d'un Lusignan ayant alors vécu à Chypre.

Dans la troisième pièce — lettre du métropolitain de Nicomédie — celui-ci a bien soin, avant d'être pendu, de reconnaître qu'il a reçu les 140 millions de francs.

Ici, doutant comme pour le testament, nous nous sommes adressé au patriarcat, qui nous a déclaré n'avoir jamais entendu parler d'un pareil dépôt, qui ne pouvait, vu son importance, passer inaperçu.

Tous ces documents ne paraissent pas, d'autre part, avoir amené Chakir pacha à la conviction quant à leur authenticité, car cet ambassadeur, en les transmettant à son gouvernement, mentionne qu'il les lui envoie *à titre de curiosité*, et qu'il s'est formellement refusé à en donner reçu.

Nous avions été nous-mêmes un peu plus que perplexes à cet égard.

Ainsi nous sommes un peu surpris d'apprendre qu'en 1818-19, c'est-à-dire alors que l'on massacrait déjà pas mal de chrétiens à Chypre, les évêques, archontes et prévôts de l'île aient été assez osés pour se réunir dans une église, y chanter plusieurs *Te Deum* afin de reconnaître un prince chrétien descendant de leurs anciens rois, et recevoir les volontés de Christodoulos, lequel fait connaître aussi la valeur du trésor des Lusignan, ce qui, dans tous les cas, était une imprudence à cette époque. Et nous avons non moins de peine à croire à l'authenticité de ce Lusignan qui se dit grec orthodoxe, et qui déclare mourir dans la *religion de ses pères*.

D'autre part nous savons encore par l'histoire que les derniers rois de Chypre étaient criblés de dettes.

D'où viennent donc ces doublons, mahmoudiés, ducats, que ce brave Christodoulos énumère avec tant de complaisance, et qu'il emporte aussi facilement qu'un sac de voyage, sans que les Turcs soient pris de la moindre envie de visiter ses paquets ?

Mais alors on a complètement trompé la postérité, en lui narrant les massacres et les pillages de cette époque peu regrettée. Mais si les Turcs de Chypre et de cette époque étaient si débonnaires, pourquoi Christodulos et ses millions ont-ils alors pris le chemin de la Russie ?

Et pourquoi, si Christodoulos était un Lusignan, ne prenait-il pas la route de France, sa patrie d'origine, ce qui lui était plus facile encore ?

Ne nous est-il pas permis de nous en étonner un peu ?

Nous nous étonnons aussi que la Russie, ayant depuis si longtemps un Lusignan sous la main, ne s'en soit jamais servi pour donner au moins quelques ennuis à la Turquie.

La réclamation des 140 millions aurait pu à elle seule donner assez de tablature à celle-ci, même quand elle était plus riche qu'aujourd'hui.

Les Russes pouvaient aussi, après le traité du 4 juin, ennuyer un peu les Anglais, en soutenant quelque peu les prétentions du vieux bonhomme de Saint-Pétersbourg. Cependant ils n'ont même pas voulu se charger de transmettre officieusement la prodigieuse requête que nous venons d'analyser, et dans laquelle, nous avons oublié de le dire, il est aussi fait mention des illustres neveux, le prince Louis de Lusignan (Joseph), le prince Cyrus de Lusignan (Ambroise), comme le très saint archevêque de Bechiktach, Mgr Khorène, prince de Lusignan, qu'il se plaît à faire reconnaître à la Porte.

Voici maintenant l'Encyclique de Mgr Narsès :

PATRIARCAT ARMÉNIEN.

DÉCLARATION OFFICIELLE.

Le Patriarcat national arménien a vu qu'à l'occasion du départ de l'évêque Khorène Nar bey, quelques journaux ont attribué à son voyage un but différent de la réalité ; que par décision du conseil national il aurait été envoyé en Europe chargé d'une mission politique, et à cette occasion un journal lui a donné le « nom de Lusignan et le qualifie de rejeton des princes de Lusignan ».

En présence de ces fausses allégations, le Patriarcat national croit devoir « déclarer » publiquement aujourd'hui qu'aucune mission politique n'a été confiée à l'évêque Khorène, soit de la part du conseil national, soit de la part de sa direction, c'est-à-dire du patriarche ; que conformément à un ancien usage, il a reçu par décision du conseil mixte national la mission de se rendre « comme visiteur » en Roumanie, en Bulgarie et en Autriche de Hongrie, afin de consoler au spirituel le peuple arménien de ces pays.

Le dit Patriarcat a bien voulu aussi, sur la requête de l'évêque Khorène, lui accorder l'autorisation de se rendre à Londres pour célébrer le mariage de son frère.

« Quant à l'usage du nom de Lusignan par l'évêque Khorène » et quoique avant son départ le dit évêque ait notifié à ce Patriarcat national « que dorénavant il se servirait de ce nom, » le dit Patriarcat n'ayant pas l'occasion opportune d'examiner et de vérifier les certificats authentiques que l'évêque Khorène « doit avoir » en sa possession « pour vouloir changer son nom de Nar bey en celui d'une vieille famille princière, » le susdit Patriarcat ne peut pas, dès lors, admettre l'altération du nom de l'évêque Khorène, jusqu'à ce que Sa Grandeur ait communiqué à ce Patriarcat les preuves authentiques de la généalogie de sa famille. En conséquence, et jusqu'à cette époque, le Patriarcat national continuera à connaître l'évêque Khorène sous le nom seul de Nar bey, et il croit nécessaire de dire publiquement que, quant à lui, le titre le plus sublime de Mgr Khorène c'est son haut degré épiscopal, « lequel doit lui suffire, » s'il veut se rendre digne du respect de tous, et faire briller son nom au sein des peuples civilisés.

Constantinople, le 31 octobre (12 novembre) 1879.

Patriarcat des Arméniens à Constantinople.

(L S) Nersès,

Patriarche des Arméniens.

Un autre journal français de Constantinople, *la Turquie*, a publié également, le 25 février 1880, un article intitulé: *Le Trésor des Lusignan*, dans lequel il a donné les mêmes détails sur les prétentions imaginaires de Louis Christodoulos, Nar bey, etc: en les appréciant d'une manière encore plus sévère.

En présence de ces faits, devenus de notoriété publique, il m'était impossible de rester indifférent, le sentiment de ma dignité m'a commandé de rompre le silence et de mettre devant les yeux du public une partie des documents authentiques conservés dans ma famille, afin de démontrer la vérité et de mettre fin à un scandale qui portait atteinte à l'honneur du nom dont j'ai hérité.

Tels ont été, Monsieur le Comte, les motifs qui ont provoqué la première publication partielle de ces documents à Constantinople.

Quant à la publication que je fais présentement, elle est dictée par des raisons non moins impérieuses.

Ma famille, malgré son long séjour en Orient, est restée profondément attachée à la France, gardant précieusement sa langue, ses traditions, et n'ayant pas de plus ardent désir que de pouvoir un jour rentrer dans sa patrie d'origine.

Aujourd'hui je suis sur le point de réaliser ce vœu.

Mais avant de m'établir en France définitivement, je crois de mon devoir et je tiens à honneur de dissiper toute espèce de doutes répandus de bonne foi ou autrement, au sujet du nom que je porte.

D'abord à cause des prétentions ou allégations qu'ont fait connaître les journaux, dont il est question plus haut, et ensuite parce qu'il m'importe beaucoup de rectifier une idée fausse, très répandue en France, à savoir que la famille des Lusignan d'outre-mer s'est complètement éteinte en 1786 avec la mort de messire Vincent de Lusignan, qui avait été écuyer de main de la reine Marie Leczinska.

Parmi les pièces que je livre à la publicité, il y en a plusieurs qui doivent se trouver aux Archives de France; personne n'est mieux placé que vous, Monsieur le Comte, pour vous en assurer et acquérir ainsi la preuve irrécusable du caractère d'authenticité des documents que j'ai l'honneur de vous soumettre.

Agréez, Monsieur le Comte, l'expression de ma parfaite considération, avec laquelle j'ai l'honneur d'être,

Votre dévoué serviteur,

Jacques Roux de Lusignan.

Paris, le 5 mai 1881.

EXPOSÉ GENEALOGIQUE.

La branche de la famille des Lusignan la seule qui existe encore, provient de Phébus de Lusignan (1), qui a fait un voyage en Europe en 1447, pour solliciter l'assistance des puissances chrétiennes, en faveur du royaume de Chypre (2). Il avait une fille, Éléonore, mariée à dom Velasquez Gil Mony (3), et un fils, Hugues. Ces derniers étaient cousins germains du roi Jacques II, qui régnait à Chypre de 1464 à 1473. Hugues avait pour fils, Nicolas (4), lequel après la mort de sa femme qui lui laissa deux fils, Thomas et Zacharie, se fit ecclésiastique et fut nommé (1550) archêvéque de la ville de Famagouste, sous le nom de Mamachi Ier (5). La jeunesse de Thomas et de Zacharie de Lusignan correspond à la conquête de l'île de Chypre par les Turcs (1570). Dans la panique et la fuite générale des chrétiens, qui s'en suivit, les deux frères se sont séparés. Thomas se retrouve ensuite en Espagne, adopté par la famille noble de Cardona ; il y entre au service du roi Philippe IV et parvient à obtenir la charge de maître de la Chambre du Roi (6) ; et Zacharie s'installe à Schio (7), profitant que cette île se trouvait encore sous la domination des Vénitiens. Le premier meurt sans avoir d'héritiers, et le second laisse deux fils : Nicolas, qui est allé rejoindre son oncle

(1) Document n° 1.
(2) *Histoire de l'île de Chypre.* M. de Mas-Latrie. V. III, p. 72.
(3) Lettres de sauvegarde du grand-maître de Rhodes. 1466, 22 décembre. Rome. Malte, Archives de l'ordre. *Lib. Bullarum.* 1466. N° LXI, fol. 220. *Histoire de l'île de Chypre.* M. de Mas-Latrie. V. III, p. 146.
(4) Document n° 1 et n° 5.
(5) Document n° 1 et n° 5.
(6) Document n° 1 et n° 5.
(7) Document n° 1 et n° 4.

2

en Espagne, y a été aussi adopté par la famille de Cardona et y devint, comme son oncle, maître de la Chambre du même roi Philippe IV (1) ; et Jacques, qualifié dans un acte du 5 juillet 1640 *Magnificus Jacobus. Magnifice Zachariæ, chiensis*, qui épouse Thomasse Timoni et en a eut un fils, Zacharie-Jacques (2).

Ce dernier, résidant toujours à Schio, épousa en premières noces Georgette Timoni, et en secondes Marie Soffieti. Il eut du premier lit un fils, Dominique-Marie, mort à Schio sans descendants, et une fille Marie, qui épousa le seigneur Raphaël Balzarini demeurant à Venise. Du second lit naquirent dix enfants, dont six filles : Apollonie, Despina, Isabelle, Thomasse, Catherine, Jeronime ; et quatre fils : Nicolas, prêtre; Vincent; François-Xaxier, jésuite ; et Pierre-Daniel (3).

Vincent de Lusignan a reçu son éducation au collège des Jésuites à Paris ; il profita des bontés et de la libéralité du roi Louis XIV (4), fut nommé commissaire des galères du roi (5), chevalier des ordres de Notre-Dame du Mont-Carmel et de Saint-Lazare de Jérusalem, 1721 (6), ensuite commandeur des mêmes ordres et écuyer de main de la reine Marie Leczynska (7). Il a été naturalisé par lettres-patentes du roi Louis XV (8), fit preuves de la noblesse (9) et obtint sa confirmation par un arrêt du roi en 1746 (10). Il a épousé à Marseille en 1738 Marie de Boullay (11) et en eut trois enfants, une fille Marguerite (12) devenue religieuse, et deux fils: Jean (13) et Nicolas (14), qui était en 1769 premier lieutenant dans la compagnie des canonniers de la Guerle au régiment de

---

(1) Document n° 5. Trésor militaire de la chevalerie antique et moderne. Madrid, 1642. Folio 87, 8° sur Nicolas de Cardone de Lusignan, descendant légitime des rois de Chypre.

(2) Document n° 5.

(3) Document n° 2 et n° 5.

(4) Document n° 3. — (5) id n° 2. — (6) id n° 7. — (7) id n° 12. — (8) id n° 3. — (9) id n° 6. — (10) id n° 5. — (11) id n° 9. — (12) id n° 11. — (13) id n° 10. — (14) id n° 8.

Grenoble. Les deux fils garçons n'ont pas survécu à leur père, de façon que Vincent de Lusignan, au moment de sa mort à Versailles en 1786, en dehors de la religieuse, *ne laissait aucun parent en France.* Cette circonstance a fait répandre en France le bruit comme quoi, avec la mort de Vincent, la famille des Lusignan d'outre-mer était totalement éteinte.

Cependant son frère Pierre (1) vécut à Schio, où il épousa Félicie de Stéfany, et en eut un fils Jacques, et une fille, Annonciation, mariée à Simon Roux. C'était à ce Jacques, neveu de Vincent, que s'adressa l'exécuteur testamentaires de ce dernier, l'abbé Renault, précepteur des pages de la Chambre de Monsieur, chapelain du couvent de Versailles et aumônier de Monsieur, frère du roi Louis XVI, pour lui annoncer la perte qu'il vient de faire dans la personne de son oncle et pour lui demander les pouvoirs et la décharge concernant l'héritage (2).

Le même Jacques est mort à Smyrne en 1860 et, à défaut d'héritier mâle, il adopta légalement (3) son neveu Charles Roux, fils de Simon Roux et Annonciation de Lusignan, pour l'héritier de son nom, de ses titres et de tous ses droits.

Charles Roux de Lusignan épousa Marie Caplan et eut deux fils : Jacques et Antoine.

Selon cet exposé, appuyé par les documents authentiques ci-joints, l'arbre généalogique de la seule branche de la famille des Lusignan qui existe encore (4) peut être représenté ainsi :

(1) Document, n° 5 et n° 15.
(2) Document, n° 19, n° 15 et n° 16. — (3) id n° 17. — (4) id n° 2.

ARBRE GÉNÉALOGIQUE

PHÉBUS DE LUSIGNAN (1447)

HUGUES; — ÉLÉONORE femme de VELASQUEZ (1466)

NICOLAS, Mamachi Ier (1550)

THOMAS (de Cardone); — ZACHARIE (1606)

NICOLAS (de Cardone) 1646); — JACQUES (1650)

ZACHARIE-JACQUES (1700)

1re *noce*, G. TIMONI : DOMINIQUE et MARIE, f. de BALZARINI ;
2e *noce*, Marie SOFIETTI : APPOLONIE f. de JUSTINIANI ;—DESPINE f. de JUSTI-
NIANI ; — ISABELLE f de JUSTINIANI ; — THOMASSE, f. de REGGIO ; — CATHERINE
f. de PORTA ; — JÉRONIME f. de MARCOPULI ; — NICOLAS, prêtre ; —
VINCENT ☸, † 1786 ; — FRANÇOIS-XAVIER, prêtre ; — PIERRE.

JEAN ; — MARGUERITE ; — NICOLAS

JACQUES, † 1860 ; — ANNONCIATION f. de SIMON ROUX

Par adoption.

CHARLES ROUX DE LUSIGNAN

ANTOINE et JACQUES ROUX DE LUSIGNAN

DOCUMENTS

N°1. *Traduction de l'italien en français des enquêtes faites à Messine l'an 1652 sur la famille Lusignan de Chypre, descendant de Phœbus de Lusignan par Hugues son fils, lequel était cousin germain de Jacques II, dernier roi de Chypre.*

Cecy est une copie authentique des enquêtes faites à Messine, laquelle se trouve actuellement entre les mains de Messire Dom. Nicolas de Lusignan dit Mamachi fiis de Jacques de l'isle de Scio, tirée mot à mot avec les souscriptions et les certificats tels qu'ils se trouvent dans l'original, faite par moi notaire soussigné de Scio à la demande du dit messire Dom. Nicolas de Lusignan pour ses intérêts, la teneur dudit écrit est comme ci-dessous. Témoin reçu dans la noble ville de Messine ce jourduy samedy troisième jour du mois de février 1652.

Témoin reçu et examiné par la cour du consulat de la noble nation de Gênes demeurant à Messine par ordre de M. D. César Sigala fils de François, consul comme il parait par le Sceau apposé au bas, à la demande de Lazare Basso fils de Grégoire de Gênes demeurant à Messine pour prouver et vériffier ce que dessous pour la connaissance de la dite cour et de toute autre cour, tribunal ou magistrat en la meilleure forme.

Dom. Isidore Justiniany fils d'Isidore Justiniany de l'isle de Scio âgé de soixante sept ans, interrogé et après avoir prêté serment, a dit qu'il savait par la voix publique et par la propre science qu'il en avait lui même qu'entre les autres familles nobles de la ville de Famagouste dans le royaume de Chypre dans le le temps qu'il était sous la domination des Princes chrétiens, lequel depuis 86 ans ou environ est tombé sous la puissance des Turcs, qu'entre les autres familles nobles de la ville de Famagouste a été la famille de Lusignan dit Mamachi qui a été une principale famille des familles nobles de la dite ville, possédant non-seulement les charges et emplois des nobles, mais les premiers emplois et les premières charges de la dite ville et parmi

ceux de cette famille Dom. Nicolas de Lusignan dit Mamachi
après la mort de sa femme fut fait archevêque de la ville de
Famagouste sous le nom de Mamachi, et en évêque y est mort.

De cette famille des Lusignan très noble de la ville de Famagouste a été entre autres Dom. Thomas de Lusignan adopté par
la famille de Cardone, fils légitime et naturel de Dom. Nicolas,
lequel résidant à Madrid servait S. M. en qualité de maître de sa
chambre et Dom. Zacharie de Lusignan autre fils naturel et légitime dudit Dom. Nicolas, demeurant à Scio où il était communément estimé et regardé comme un gentilhomme, personnage
noble de la dite ville de Famagouste du royaume de Chypre, et
il y a encore aujourdhuy à Madrid Dom. Nicolas de Cardone de
Lusignan qui est de la même famille adopté de la famille Cardone
fils légitime et naturel de Zacharie gentilhomme riche et fort
estimé qui a été depuis maître de la chambre de Sa Majesté,
comme il paraît par un livre imprimé à Madrid en l'année 1642
intitulé : Trésors militaires de la chevalerie. — Il y a encore
d'autres frères de Dom. Nicolas qui sont répandus en d'autres
endroits, traités et considérés suivant leur naissance ; et cela le
présent témoin le sait et le dépose comme un témoin qui a résidé
dans le royaume de Chypre et dans la dite ville de Famagouste
depuis 1603 jusqu'en l'année 1606, où entendant parler de la
famille de Lusignan on disait communément ce que dessus ; particulièrement les anciens qui en parlaient comme de choses qu'ils
savaient et le présent témoin les rapporte dans les mêmes termes
qu'il les a entendues.

De plus le dit témoin a connu Dom. Thomas Cardone de
Lusignan à Madrid dans le temps qu'il servait S. M. comme il
a déjà dit ci-dessus ; il a aussi eu la connaissance de Zacharie de
Lusignan à Scio où il le voyait traité et regardé comme il a été
dit ci-dessus. Le dit témoin a aussi connu Dom. Nicolas de
Lusignan qui aujourd'hui est à Madrid ; il connait aussi ses
autres frères et il rend témoignage de la considération où ils
étaient. Le dit témoin a dit ce que dessus pour avoir su, pour
avoir entendu et vu conformément au temps et lieu qu'il a déposés.
Lecture faite de la présente déposition y a persisté et a signé :
Isidore Justiniany.

Ce jourdhuy lundi cinquième du mois de Fevrier 1652 Jean Cristiglio fils d'Aloïsjus de la ville de Nicosie dans le royaume de Chypre, se trouvant présentement à Messine âgé de 70 ans, témoin requis et après avoir prêté serment de dire vérité a dit que par rapport au voisinage de la ville de Nicosie avec celle de Famagouste dans le royaume de Chypre y ayant même demeuré longtemps, il sait qu'entre les autres familles nobles de la dite ville de Famagouste dans le royaume de Chypre, dans le temps que les chrétiens en étaient les souverains et dont les Turcs sont les maîtres depuis 86 ans ou environ, qu'entre les autres familles nobles de la dite ville de Famagouste a été la famille de Lusignan, qu'elle était une des principales familles des familles nobles de la dite ville, remplissant non seulement les charges et emplois des nobles, mais les premiers emplois et les premières charges, et qu'entre autres emplois et charges que les personnes de cette famille ont eues et occupées Dom. Nicolas de Lusignan étant devenu veuf fut fait archevêque de la dite ville de Famagouste sous le nom de Mamachi, et qu'il y est mort revêtu de cette dignité, et cela le dit témoin le sait précisément pour l'avoir entendu dire dans le royaume de Chypre et ville de Famagouste où, étant question de la dite famille de Lusignan, on disait communément les choses ci-dessus, surtout les anciens de la dite ville qui les rapportaient comme choses qu'ils savaient et le présent déposant les rapporte aussi telles qu'il les a entendues et qui est conforme à ce qu'il a dit ci-dessus.

De laquelle famille de Lusignan noble et principale de la dite ville de Famagouste le présent témoin a entendu dire qu'entre autres il y avait Dom. Thomas de Lusignan, fils légitime et naturel dudit Dom. Nicolas, lequel étant à Madrid servait S. M. le Roy catholique; qu'il avait eu encore Dom. Zacharie autre fils légitime et naturel dudit Nicolas, lequel étant à Scio était réputé et considéré comme un gentilhomme et personnage noble de la dite famille et maison de Lusignan noble de la dite ville de Famagouste. Qu'il y avait encore aujourd'huy quelques enfants du dit Dom. Zacharie tous traités et considérés selon leur naissance, et entre ses autres enfants Dom. Nicolas de Lusignan lequel aujourd'huy est à Madrid gentilhomme riche et en grande considération.

Le déposant rapporte tout ce que dessus comme choses qu'il a su et entendu suivant le temps et le lieu qu'il a dit. Lecture faite de la présente déposition y a persisté et a signé : Jean Christiglio.

Ce lundi vingt neuvième du mois d'Avril 1652 Joseph Daniel fils de Jules de l'isle de Scio de présent à Messine, âgé de 70 ans témoin requis et après serment fait de dire la vérité a dit ce que ci-dessous et qu'il sait de la voix publique; qu'entre les autres familles nobles de la ville de Famagouste dans le royaume de Chypre du temps que les chrétiens en avaient la souveraineté et qui depuis 86 ans est sous la domination des Turcs, entre les autres familles nobles de la ville de Famagouste a été la famille de Lusignan dit Mamachi, qu'elle a été des plus principales familles, des familles nobles de la dite ville, possédant non seulement les charges et emplois des nobles, mais les premières charges et emplois qui s'administraient dans la ville, et qu'entre autres Dom. Nicolas ayant perdu par la mort de sa femme : fut fait archevêque de la dite ville de Famagouste sous le nom de Mamachi, et y est mort comme tel. De la dite famille de Lusignan noble de la dite ville de Famagouste comme il a été dit ci-dessus, le dit déposant a ouï dire qu'entre autres il y avait eu Dom. Thomas de Lusignan adopté dans la famille de Cardone fils légitime et naturel de Dom. Nicolas, lequel étant à Scio était reconnu et réputé gentilhomme et personne noble de la dite famille et maison de Lusignan noble de la dite ville de Famagouste, dans laquelle ville de Scio le dit déposant a entendu dire au Sire Zacharie qu'il y avait dans le temps qu'il parlait quelques uns de ses enfants, parmi lesquels était Dom. Nicolas de Lusignan adopté dans la famille de Cardone qui résidait dans la ville de Madrid et qui a été maître de la chambre de S. M. comme il paraît par un livre imprimé à Madrid en l'année 1642 intitulé : Trésors militaires de la cheva-valerie, tous les dits sires traités et considérés suivant leur dite naissance. Le dit témoin sait et dépose les choses ci-dessus pour avoir connu à Scio le dit Dom. Zacharie, pour avoir entendu et vu les choses ci-dessus de la façon dont il les a déposées suivant ses connaissances et conformément aux temps et lieux qu'il les a rapportées.

Lecture faite de la présente déposition y a persisté et a signé :
Je Joseph Daniel comme ci-dessus.

Ce vendredi vingt quatrième du mois de mai 1652 Nicolas
Reggio fils de Pierre de l'isle de Scio et Messinais âgé de 73 ans,
témoin requis et interrogé après serment fait de dire vérité, a dit
savoir par ouï dire et par la connaissance qu'il a, qu'entre les
autres familles nobles de la ville de Famagouste dans le royaume
de Chypre du temps que les chrétiens en étaient les maîtres et qui
depuis 86 ans ou environ a été possédé par les Turcs qu'ils pos-
sèdent encore, qu'entre les autres familles nobles de la ville de
Famagouste a été la famille de Lusignan, dit Mamachi, laquelle
a été l'une des plus principales familles nobles de la ville de Famagouste, ayant rempli non seulement les charges et emplois qui se
donnaient aux personnes nobles de la dite ville, mais les premières charges et les premiers emplois de la dite ville. C'est ce
qui entre autre arriva à Dom. Nicolas de Lusignan qui après la
mort de sa femme fût fait archevêque de Famagouste sous le
nom de Mamachi, où il mourut en cette qualité, le déposant le
sait et le dépose, le sachant pour avoir demeuré pendant trois
années consécutives dans le dit royaume de Chypre et la ville de
Famagouste, depuis l'année 1603 jusqu'en 1606 en compagnie
de Dom. Isidore Justiniany fils d. Isidore dans laquelle dite ville
de Famagouste étant question de la dite famille noble de Lusignan on disait communément les choses ci-dessus, particulièrement les anciens de la dite ville qui les racontaient comme
choses dont ils avaient une entière connaissance, et le dit témoin
les a rapportées ci dessus telles qu'il les a entendues. De laquelle
dite famille de Lusignan noble et principale de la dite ville de
Famagouste le dit témoin sait qu'entre les autres personnages de
cette maison a été Thomas de Lusignan adopté de la famille de
Cardone fils légitime et naturel de Dom. Nicolas, lequel étant à
Madrid servait S. M. en qualité de maître de sa chambre et encore Zacharie de Lusignan autre fils légitime et naturel de Dom.
Nicolas, lequel résidant à Scio était communément regardé et
considéré comme gentilhomme et personne noble de la dite fa-
mille et maison des Lusignan noble de la dite ville de Famagouste.
Et aujourdhuy il y a à Madrid de la dite famille de Lusignan

Dom. Nicolas lequel a été maître de la chambre de S. M. comme il paraît par un livre imprimé à Madrid l'an 1642 intitulé : Trésors militairesde la chevalerie, lequel Dom. Nicolas a été adopté par la famille de Cardone fils légitime et naturel de Zacharie de Lusignan gentilhomme riche et de grande considération. Dom. Nicolas a aussi d'autres frères tous traités et considérés selon le dû de leur naissance : le dit témoin le sait et le dépose comme ayant connu le dit Thomas de Lusignan à Madrid dans le temps qu'il servait S. M. comme il est dit ci-dessus ; de même que Dom. Zacharie de Lusignan à Scio où il le voyait communément traité et considéré selon ce qui a été dit ci-dessus ayant été aussi connu de Dom. Nicolas de Lusignan qui est aujourdhuy à Madrid et connaissant ses autres frères il atteste aussi être témoin de la considération que leur donnait leur naissance. Le dit déposant sachant, ayant entendu toutes les choses ci-dessus suivant les temps et lieux les a déposées. La dite déposition lui ayant été lue y a persisté et a signé : Je Nicolas Reggio.

La présente copie a été tirée des actes de la cour du consulat pour la serenissime République et nation de Gênes dans la viile noble de Messine ; le grand Sceau du dit consulat y apposé et signé par Dom Thomas Savignone consul cejourdhuy 21 juillet 1690. Collationné signé : T. Savignonus ; Jérome Barresius notaire et chancelier. — Pierre Perrelus greffier.

Nous négociants de la place de Messine certifions et attestons que les susnommés Thomas Savignone et Jérome Barresius qui de leurs propres mains ont signé l'écrit ci-dessus scellé du Sceau ordinaire et accoutumé du consulat de la cour pour la Serenissime République de Gênes en cette ville, ont été et sont tels qu'ils se qualifient dans leurs respectives écritures soit publiques soit privées tant en jugement qu'au dehors, connaissant leurs signatures et écritures ainsi que le Sceau ordinaire et accoutumé du dit consulat.

En foy de quoy nous avons signé les présentes de notre main à Messine, cejourdhuy 21 juillet 1690, signé : Alep ; Vandeuset ; André ; Hopegood ; Gio.; Louigi ; Follio.

Nous élus de la noble ville de Messine certifions et attestons à tous qu'il appartiendra que Jérome Barresius qui a signé l'extait des actes de la cour du consulat pour la Serenissime République de Gênes et sa nation est tel qu'il s'est soussigné. C'est pourquoi vous pouvés ajouter pleine et entière foy à la dite copie comme si c'était l'original. En foy de quoy nous apposons au bas le Sceau de cette ville dont tous nous servons. Donné à Messine le 30 du mois de juillet 1690. Signé à l'original Dom. Antoine Cianciolo.

Je soussigné certifie que la traduction ci-dessus est très fidèle et ce pour l'avoir examinée et confrontée avec le texte. En foy de quoy fait à Paris le 4 avril 1746 signé à l'original de Sorbat.

N° 2. *Déclaration du Chargé des affaires du Roy de France à Constantinople sur la famille de Lusignan* (1727-1728),

Sur la demande qui m'a été faite par le Sire Vincent de Lusignan chevalier de l'ordre de St-Lazare commissaire des galères du Roy, de lui donner une déclaration de tout ce que ma résidance à Smyrne et à Constantinople m'a mis à portée d'apprendre de sa famille.

Je soussigné Gaspard de Fontenu ci-devant consul de France à Smyrne et chargé des affaires du Roy à la Porte Ottomane pendant les années 1727 et 1728, déclare à tous qu'il appartiendra que connue à Scio sous le nom de Mamachi elle y a toujours passé, pour une des principales de la noblesse du pays, il y en a beaucoup à Scio telles que sont celles des Justiniany, des Grimaldi, etc. etc. etc. et que même par ses grands biens et sa noblesse elle était une des plus considérables.

Que feu monsieur Jacques de Lusignan son père a eu quatorze enfants vivants, que sept de ses filles ont été très avantageusement mariées, trois entre autres avec les plus riches de Justiniany et qu'il a toujours vécu très honorablement et que sa maison étant presque la seule qui fut ouverte aux étrangers. Qu'il n'y a à Scio que la seule et unique famille de monsieur Mamachi qui porte le nom de Lusignan et que du temps que j'étais à Smyrne j'ai entendu parler de sa descendance des anciens rois de Chypre.

Je déclare encore qu'après la prise de l'isle de Scio il y a environ 42 ans, les Grecs, ennemis du rite latin et des catholiques qu'ils voulaient détruire, animèrent contre eux leur nouveau maître sous la fausse accusation qu'ils avaient voulu secouer le joug du Grand Seigneur pour se livrer à la domination des Vénitiens qui étaient francs, disaient ils, comme eux et de même religion; emprisonnements, mauvais traitements dans leurs personnes, perte de biens, bannissements, la mort même que quatre familles catholiques souffrirent avec une fermeté digne des premiers siècles, renversement de leurs églises quelques unes changées en mosquées, tout fut suggéré par l'animosité des Grecs et exécuté par la tyrannie des Turcs, sans que la foi d'aucun des catholiques ait pu en être ébranlée. Le Seigneur eut pitié de ces fervents chrétiens et dans le temps que les Grecs espéraient le plus de les voir dispersés dans différentes îles de l'Archipel et bannis de Scio, la fureur de persécution cessa, les catholiques jouirent d'un peu de tranquilité; mais peu s'en fallut que la douleur de se voir privé de la participation des sacrements et sans église ne leur fit perdre le mérite et le fruit de leur travaux.

Ce fut alors que le Sire Jacques de Lusignan fit encore particulièrement éclater son zèle, c'est un trait qui lui est trop glorieux pour le taire : soit que sa maison fut plus convenable qu'aucune du pays, soit qu'il y eut plus de fermeté que les autres, il la consacra bien volontiers pour en faire une chapelle sous la protection de la France; il en céda une partie au Consul du Roy et les catholiques dispersés et consternés se rassemblèrent dans cet asile, qui subsista jusqu'en 1720, temps auquel la Porte leur permit de rebâtir une de leurs anciennes églises, mais non sans contradictions et bien des persécutions. Jacques de Lusignan qui était devenu l'objet principal de la haine et de l'inimitié des Grecs fut compris dans toutes ; le mépris qu'il fit toujours de leurs offres et de leurs menaces sans que la considération de sa nombreuse famille ait pu le faire changer, lui en fit essuyer de particulières dont il ne s'est jamais tiré qu'avec de grandes dépenses, dans une entre autres où toute la nation grecque s'était soulevé il fut obligé pour éviter leur fureur de se sauver dans un bateau à Smyrne où il se réfugia chez Monsieur le baron de Hochepied Consul de Hollande, beau frère de M. l'Ambassadeur des Etats Généraux à Constantinople et père de Madame de Fontenu. En foy de quoy j'ai donné le présent certificat au dit Sire Vincent de Lusignan pour lui servir à ce que de besoin. Fait à Paris ce 26 février 1630. Signé : de Fontenu.

Nous soussignés négociants et anciens échevins de cette ville nous certifions le sceau ci-dessus de M. de Fontenu à Marseille le 8 février 1759. Signés : Belleville; Suriyan; premiers échevins.

Nous secrétaire du Roy certifions la signature ci dessus de M. de Fontenu. Signé : Bourguignon.

Je certifie la signature de M. de Fontenu, signé : Yacinthe Hoa.

Nous échevins et députés du commerce de cette ville de Marseille certifions et attestons à tous qu'il appartiendra que ceux qui ont signé les trois certificats en l'autre part pour constater la signature de feu M. de Fontenu, en son vivant Consul de France à Smyrne, sont tels qu'ils se qualifient. En foy de quoy avons signés les présentes et a icelles fait apposé le sceau accoutumé des armes de cette ville et commerce. A Marseille le 12 février 1659. Signé : de l'Isle; Paul Rezan; Beaussier; Latille; Cassard; Couïl; Guitran; Grozet.

Collationné par nous conseiller secrétaire du Roy Maison Couronne de France près la cour des Comptes aides et Finances d'Aix ; signé : Isuard.

Nous Guillaume de Paul conseiller du Roy lieutenant général civil au siège de la sénéchaussée de cette ville de Marseille certifions et attestons à tous qu'il appartiendra que le sieur Isuard qui a signé ci-dessus et tel qu il se dit être aux écritures et seing duquel pleine et entière foy doit être ajouté tant en jugement qu'au dehors et pour être la vérité telle que nous avons fait signé ces présentes contre signées par notre greffier à Marseille 7 mars 1759 ; signé : Paul et Julien greffier.

Je déclare à la réquisition de Messire Vincent de Lusignan dont j'ai connu la famille sous le nom de Mamachi à Scio, que pendant l'espace de 5 ans que j'ai resté dans cette ville en qualité de chancelier du consulat de France je n'ai point connu d'autres familles portant le nom de Lusignan que celle du père de Messire Vincent de Lusignan, et il est certain qu'il n'y en a point d'autres. Je déclare encore que c'est une famille noble et distinguée du pays qui observait de ne faire des alliances qu'avec les Justiniany qui y est établi ou des principaux du pays et que Messire de Lusignan n'est pas seulement distingué du côté de la naissance, mais qu'il a cherché à conserver une ancienne chapelle qu'il avait dans sa maison où l'on faisait l'office divin comme au milieu de la chrétienté par la protection de la France.

En foy de quoy j'ai signé le présent certificat et scellé du cachet de mes armes. Fait à Paris le 20 mai 1746, signé : Marianne, secrétaire de l'ambassade du Roy en Suisse.

Après avoir fait lecture de la déclaration que M. de Fontenu ci-devant consul de France à Smyrne, a donné à Messire de Lusignan le 26 février 1738, moi soussigné déclare avoir connaissance de tous les faits contenus dans la dite déclaration de M. de Fontenu pour avoir resté 5 ans à Scio chancelier du Consulat du Roy dans cette isle, c'est-à-dire depuis 1718 jusqu'en 1723. Je déclare de plus que j'ai connu moi-même toute la famille de Lusignan de cette isle de Scio et que j'ai été témoin pendant le séjour que j'y ai fait des alliances de la dite famille avec les principaux Justiniany de cette île et du zèle constant que le père de Messire de Lusignan Commissaire Général des Galères du Roy a marqué pour la religion catholique au péril de sa vie et au risque de la perte de tous ses biens.

En foy de quoy j'ai signé à la réquisition de Messire Vincent de Lusignan la présente déclaration pour lui servir de ce que de raison.

Fait à Paris le 27 février 1761, signé : Marianne Conseiller du Roy, Trésorier des lignes Suisses.

N° 3. *Lettres patentes du Roy Louis XV pour naturalité à messire Vincent de Lusignan* (1721) — Extrait des registres du Parlement.

Louis, par la grâce de Dieu, Roy de France et de Navarre, à tous présent et avenir, salut !

Notre ami Vincent de Lusignan, natif de l'isle de Scio, nous a fait remontrer qu'ayant été élevé par la libéralité du feu Roy, de glorieuse mémoire, notre très honoré seigneur et bisayeul, et fait ses études au collège des Jésuites de Paris, il désirerait finir ses jours dans notre royaume et jouir des mêmes avantages que nos autres sujets, nous a pour cet effet très humblement fait supplier de lui accorder nos Lettres sur ces nécessaires. A ces causes voulant favorablement traiter l'exposant et lui faciliter les moyens d'y rester, nous avons de notre grâce spéciale, pleine puissance et autorité royale et de l'avis de notre cher oncle le duc d'Orléans, régent reconnu, censé et réputé, reconnaissons, censons et réputons par les présentes signées de notre main ledit exposant pour notre vrai naturel sujet et Régnicole,

Voulons et nous plaît que comme tel il puisse et lui soit loisible de demeurer en tels lieux de notre royaume et pays de notre obéissance qu'il désirera et qu'il jouisse des privilèges, franchises et libertés dont jouissent nos vrays et originaires sujets, qu'il puisse avoir, tenir et posséder tous biens meubles et immeubles qu'il a acquis ou pourra acquérir, et qui lui seront donné et délaissé, jouir d'eux et disposer par testament, ordonnances de dernières volontés, donations entre vifs ou autrement, et qu'après son décès ses enfants, héritiers ou autres en faveur desquels il pourra disposer, lui puissent succéder pourvu qu'ils soient nos régnicoles tout ainsi que si ledit exposant était originaire de notre royaume, sans qu'au moyen des ordonnances et règlements faits contre les étrangers il lui soit fait aucun empêchement, n'y que nous puissions prétendre les dits biens nous appartenir par droit d'aubaine, n'y autrement en quelque sorte et manière que ce soit, l'ayant quant à ce dispensé et habilité ; Dispensons et Habilitons par ces présentes signées de notre main sans que pour raison de ce il soit tenu de nous payer aucune finance ny à nos successeurs Roys de laquelle à quelque somme qu'elle puisse monter nous lui avons fait et faisons don et remise par ces présentes, à la charge toutefois de finir ses jours dans notre Royaume ou Pays de Notre obéissance et de n'être entremetteur d'aucun Etranger à peine de nullité d'icelles.

Sy donnons en mandement à nos amis et féaux Conseillers, les gens tenant nos Cours de Parlement et Chambre des Comptes à Paris que ces présentes ils fassent Régistrées et du contenu en icelle jouir et user ledit sire de Lusignan pleinement, paisiblement et perpétuellement, cessant et faisant cesser tous troubles et empêchements, car tel est notre plaisir, et afin que ce soit chose ferme et stable à toujours, nous avons fait mettre notre scel à ces présentes.

Données à Paris au mois de janvier l'an de grâce mil sept cent vingt un et de notre règne le sixième.

Signé : Louis.

Par le Roy

Signé : Duc d'Orléans, Régent.

Visa : D'Aguesseau.

Pour naturalité à Messire Vincent de Lusignan et scellées du Grand Sceau de cire verte surlacérées de soye rouge et verte, registrées ouï le Procureur Général du Roy pour jouir par l'Impétrant de leur effet et contenu être exécutées selon leur forme et teneur suivant l'arrêt de ce jour.

A Paris en Parlement le 26 May 1721.

Signé : Gilbaet.

Collationné.

Langelé Dufrand.

Louis, par la grâce de Dieu roi de France et de Navarre, à tous présent et avenir salut !

Notre cher et bien aimé sire Vincent de Lusignan, natif de

l'île de Scio, chevalier de l'ordre de Notre Dame du Mont Carmel
et de Saint Lazare de Jérusalem, commissaire de nos galères,
nous a fait représenter qu'il est dans notre royaume depuis sa
plus tendre jeunesse et que par les bontés et la libéralité du feu
roy de glorieuse mémoire, notre très honoré seigneur et bisayeule,
il a reçu son éducation au collège des Jésuites à Paris, que depuis qu'il s'est trouvé en âge de service il a été honoré de places
et d'emplois dans lesquels il n'a rien laissé à désirer de son zèle,
de sa reconnaissance et de l'attachement qu'il doit avoir au bien
de notre service, et qu'enfin il est résolu de fixer sa demeure et
de finir ses jours en notre royaume. Mais que pour participer aux
avantages et aux droits dont jouissent nos sujets et régnicoles il a
besoin de nos lettres de naturalité et nous a très humblement
fait supplier de les lui accorder. A ces causes voulant donner
au dit sire exposant les marques d'estime et de confiance que mé-
ritent ses bonnes qualités et ses talents et les services qu'il nous
a jusqu'ici rendus,

Nous avons de notre grâce spéciale, pleine puissance et
autorité royale reconnu, censé, tenu et réputé et par ces présentes
signées de notre main, reconnaissons, censons, tenons et réputons le dit sire Vincent de Lusignan pour notre vray et naturel
sujet et régnicole, Voulons et nous Plait que comme tel il puisse
et qu'il lui soit loisible de s'établir et de demeurer en tels villes
et lieux de notre royaume, pays, terres et seigneuries de notre
obéissance que bon lui semblera, qu'il jouisse des privilèges,
franchises et libertés dont jouissent nos vrays et originaires
sujets et régnicoles, qu'il puisse succeder, avoir tenir et pos-
seder tous biens meubles et immeubles qu'il a acquis et qu'il
pourra cy après acquerir ou qui lui seront donnés, legués et
delaissés en quelque sorte et manière que ce puisse être, d'iceux
jouir, ordonner et disposer par testament, ordonnances de
dernières volontés, donations entre vifs ou autrement ainsy
que de droit lui sera permis et qu'après son décès ses enfants nés
et à naître en légitime mariage, héritiers ou autres en faveur
desquels il aura disposer des biens, puissent lui succeder pourvu
qu'ils soient nos régnicoles tout ainsy que si le dit sire de Lusignan était originaire de notre royaume sans qu'au moyen des

ordonnances et règlements d'icelui il lui soit fait aucun trouble et empêchement ny que nous puissions prétendre avant ny après son décès les dits biens nous appartenir par droit d'aubaine ou autrement en quelque sorte et manière que ce soit l'ayant quant à ce dispensé et habilité, Dispensons et Habilitons par ces présentes sans qu'il soit pour raison de ce tenu de nous payer et aux Roys nos successeurs aucune finance ny indemnité de laquelle à quelque somme qu'elle puisse monter nous lui avons fait et faisons don et remise par ces dites présentes, pourvu toutefois qu'il fasse profession de la religion catholique, apostolique et romaine et à la charge de finir ses jours en notre royaume dont il ne pourra sortir sans notre permission expresse et par écrit et de ne s'entremettre pour aucun Etranger à peine de nullité des présentes.

Sy Donnons en mandement à nos amis et féaux Conseillers les gens tenant notre Chambre des Comptes à Paris, Présidents Trésoriers de France et Généraux de nos Finances aux dits lieux et à tous autres nos officiers et Justiciers qu'il appartiendra que ces présentes ils ayent à faire Registrées et de leur contenu jouir et user le dit Sire de Lusignan ses enfants héritiers successeurs ayant cause pleinement, paisiblement et perpétuellement cessant et faisant cesser tous troubles et empêchements et nonobstant toutes choses à ce contraire auxquelles nous avons dérogé et dérogeons par ces dites présentes pour ce regard — (mot illisible) — et soutirer à conséquence, car tel est Notre Plaisir et afin que ce soit chose ferme et stable à toujours nous avons fait mettre notre scel à ces présentes.

Données à Choisy au mois de juillet l'an de grâce 1746 et de Notre Règne le trente unième.

Signé : Louis.

Par le Roy

Signé : Philipeaux.

Expédiées et Registrées en la Chambre des comptes du Roy Notre Sire, au registre des chartres de ce tenu, ouy le Procureur général du Roy informations préalablement faites sur les vies, mœurs, âge et religion catholique, apostolique et romaine, naissance, biens et facultés de l'Impetrant par l'un des Conseillers Maitre ordinaire en la dite Chambre à ce commis pour jouir par le dit Sire Impétrant de l'effet et contenu en icelles moyennant la somme de 20 Livres pour lui payée laquelle a été convertie et employée en aumônes le 30 août 1746.

Registrées

Signé : d'Hozier,
Conseiller Maître Ordinaire

Pour naturalité de Messire Vincent de Lusignan.

Signé : d'Aguesseau.

Nº 5. — *Arrêt du Roy maintenant messire Vincent de Lusignan dans sa noblesse.* (1746.) — Extrait des registres du Conseil d'Etat du Roy S. M. y étant, tenu à Fontainebleau le 19 novembre 1746.

Sur la requête présentée au Roy, étant en son Conseil, par Vincent de Lusignan, commissaire des galères du Roy et chevalier de Justice des ordres de Notre Dame du Mont Carmel et de Saint Lazare de Jerusalem contenant que par Lettres patentes du mois de Janvier 1721, régistrées en Parlement le 26 may suivant et autres lettres patentes en forme de chartres du mois de juillet 1746 duement régistrées en la Chambre des comptes le 30 août suivant, il aurait plu à S. M. le connaître pour son vray et naturel sujet et Régnicole, mais comme ces Lettres en lui accordant les privilèges ordinaires dont jouissent ceux qui obtiennent de semblables grâces, ne font suivant l'usage aucune mention de son origine noble, il lui importait de n'être pas privé de l'avantage qu'il a d'être admis au nombre des gentilshommes du Royaume et de jouir de tous les privilèges attachés à son état, à l'effet de quoi il expose qu'il est natif à l'isle de Scio et issu de la famille noble des Lusignan du Royaume de Chypre où elle avait possédé les premières charges et les premiers emplois des nobles ; que Nicolas Mamachi son trisayeul après la mort de sa femme prit l'état ecclésiastique sous le nom de Nicolas Mamachi et parvint à être archevêque de la ville de Famagouste. Nicolas Mamachi eût deux fils, l'aîné appelé Thomas adopté en Espagne par la famille de Cardone et décoré de l'office de Maître de la Chambre du Roy d'Espagne Philippe IV ; le second appelé Zacharie de Lusignan faisait sa résidence à Scio, où il était reputé gentilhomme riche et personnage noble de la maison de Lusignan de la ville de Famagouste ; on ignore le nom de sa femme, mais il est prouvé qu'il fut père de deux enfants : l'ainé Nicolas Mamachi de Cardone de Lusignan, qui fut ainsi que son oncle Maître de la Chambre du même Roy d'Espagne Philippe IV, et Jacques qualifiés : — Magnificus Jacobus, Magnifice Zachariæ Chiensis — lequel suivant un acte du 5 juillet 1640 passé à Messine donna une procuration pour comparaître devant le Sénat de la dite ville à l'effet d'être payé de certaines rentes qui lui appartenaient de son mariage avec Thomasse Timoni. Il eût Zacharie Jacques Mamachi II lequel épousa en première noce Georgette Timoni et en seconde Marie Soffieti ; du premier lit il eût Dominique Marie à Scio, et une fille nommée Marie qui épousa le seigneur Raphaël Balzarini demeurant à Venise, neveu de Mgr Balzarini évêque de Scio — et du second lit naquirent dix enfants, savoir par ordre de naissance :

Appolonie, femme du seigneur Michel Justiniani ; Despina, mariée à Scio avec Jacques Justiniani ; Isabelle, femme du seigneur André Justiniani de Scio ; Thomasse, femme du seigneur Pantaléon Reggio ; Catherine, mariée avec le seigneur Vincent de Porta ; Jeronime, femme du seigneur Vincent Marcopuli ; Nicolas, prêtre, docteur en théologie ; Vincent, qui suit ; François-Xavier, Jésuite ; et Pierre Daniel, qui épousa à Scio Minetta Corpi.

Vincent qui est l'exposant baptisé dans l'église de Scio le 23 octobre 1697 et comme on vient de le dire naturalisé sous le nom de Vincent de Lusignan, fut reçu Chevalier des Ordres de Notre-Dame du Mont Carmel, et de St. Lazare de Jerusalem, sur les preuves de sa noblesse dressée le 13 juillet suivant et sert actuellement depuis l'an 1737 en qualité de commissaire des Galères. Il fut marié le 9 novembre 1738 avec Marie, Anne Paulin du Boullay, veuve d'Antoine Hacinthe de Latil, commissaire des Galères du Roy, et de cette alliance il a pour enfants : Jean-Baptiste, Jacques, Madeleine de Lusignan née et baptisée le 22 juillet 1742 et Marguerite, Sophie, Pauline de Lusignan née et ondoyée le 20 juillet 1740, et nommée sur les fonts du baptême le 20 novembre suivant.

Tout ce que l'exposant vient d'alleguer est prouvé par les pièces suivantes ci-attachées : I°. l'enquête faite à Messine le 3 février 1692 par laquelle les témoins ouys par la Cour du Consulat de Gênes déposent qu'entre les familles nobles de la ville de Famagouste au Royaume de Chypre dans le temps qu'il était sous la domination des Princes chrétiens la famille de Lusignan avait été une des principales, possedant non seulement les charges et emplois des nobles mais même les premiers emplois et les premières charges de la dite ville; que Nicolas de Lusignan après la mort de sa femme fut fait Archevêque de Famagouste où il mourut laissant pour enfants légitimes : Thomas adopté par la famille de Cardone, lequel ayant passé au service de Philippe IV Roy d'Espagne fut maître de la chambre de S.-M. Catholique, et Zacharie habitant de l'isle de Scio qui fut père de Nicolas de Cardone de Lusignan aussi maître de la chambre du Roy Philippe IV, et que les frères du dit Nicolas qui étaient répandus dans plusieurs endroits étaient tous traités et considérés suivant leur naissance; cette enquête traduite de l'italien en français par le Sieur de Sorbat Secrétaire de l'Envoyé de Gênes. II°. Un livre imprimé à Madrid l'an 1642 avec permission du Roy intitulé « Trésor Militaire de la Cavalerie, antique et moderne, » dans lequel follio 87-80 il est fait mention de Nicolas de Cardone de Lusignan *descendant légitime des Roys de Chypre*. III° Une attestation donné le 12 novembre 1736 par plusieurs habitants digne de foy de l'isle de Scio et reçue par Jean de Porta protonotaire public de l'isle de Scio et Chancelier de la cour Episcopale, portant que Zacharie Jacques fils de Jacques et de Thomasse Timoni avait eu pour enfants de Georgette Timoni sa première femme Dominique et Marie mariée avec le Seigneur Raphael Balzarini neveu de Mgr Balzarini ; — et de Marie Soffieti sa seconde femme, savoir :

Apollonie qui épousa le Seigneur Michel Justiniani ; Despina, femme du Seigneur Jacques Justiniani ; Isabelle, femme du Seigneur André Justiniani ; Thomasse, mariée avec le Seigneur Pantaléon Reggio ; Jeronime, femme du Seigneur Vincent Marcopuli ; Catherine femme du Seigneur Vincent de Porta ; Nicolas prêtre, docteur en théologie ; Vincent, chevalier de Saint-Lazare ; François Xavier, de la Compagnie de Jésus ; Pierre Daniel, marié avec la Signora Minetta Corpi.

Et que les dits Jacques et Zacharie n'avaient jamais exercé la marchandise ny même fait aucun acte mécanique ou dérogeant ; cette attestation signée par le dit Jean de Porta est légalisée par le Sieur de Fontenu ci-devant Chargé des Affaires du Roy à Constantinople et Consul de France à Smyrne. Vu procuration donnée le 3 juillet 1640 par magnifique Jacques fils de magnifique Zacharie de l'isle de Scio pour comparaître devant l'illustrissime Sénat de Messine et y faire condamner les débiteurs dudit Jacques de Lusignan à lui payer les rentes en froment qui lui étaient dûs ; cette procuration reçue par Nicolas de Porta notaire public à Scio. — Vu extrait des registres des baptêmes de l'Eglise de Scio portant que Vincent de Lusignan fils de Zacharie Jacques et de Marie Soffieti sa femme fut baptisé le 23 octobre 1697 ; cet extrait délivré le 21 août 1733. Signé Théodore Bulla Vicaire Général de l'Evêque de Scio et légalisé par le dit évêque.

Les lettres accordées au mois de janvier 1721 à Vincent de Lusignan, natif de la ville de Scio ; ces Lettres signé : Louis, — sur le reply : par le Roy, le duc d'Orléans Régent ; présent Florian, et scellées du grand sceau en cire verte, furent registrées en Parlement le 26 may de la même année par arrêt. Signé : Gilbaet. Vu extrait du régistre des mariages célébrés dans la paroisse de Saint-Ferréol, à Marseille, portant que Messire Vincent de Lusignan Chevalier des Ordres de Notre-Dame du Mont Carmel et de Saint-Lazare de Jérusalem, commissaire des Galères du Roy et fils de Zacharie de Lusignan et de dame Marie Soffieti sa femme de l'isle de Scio dans l'Archipel, reçut la bénédiction nuptiale le 9 novembre 1738 avec dame Marie, Anne Pauline du Boullay, veuve de Messire Antoine Yacinthe de Latil, commissaire des Galères du Roy et fille de Monsieur Paulin du Boullay et de dame Jeanne Vatier ; cet extrait Signé : Pourrière curé de la dite paroisse de St-Ferreol à Marseille. Deux extraits du régistre des baptêmes de la dite paroisse de St-Ferreol à Marseille portant que Jean Baptiste, Jacques, Madeleine de Lusignan fils de Messire Vincent de Lusignan Chevalier des ordres de Notre Dame du Mont Carmel et de Saint-Lazare de Jérusalem, commissaire des Galères, et de dame Marie, Anne, Paulin du Boullay sa femme, naquit et fut baptisé le 22 juillet 1742 et que Marguerite Sophie, Pauline de Lusignan, fille de Vincent de Lusignan commissaire des Galères et Chevalier de Saint-Lazare, et de dame Marie, Anne Paulin du Boullay sa femme, naquit et fut ondoyée le 20 juillet 1740 et reçut le supplément des cérémonies de baptêmes le 28 novembre suivant : cet extrait signé : Pourrière curé de la dite Eglise.

Les Lettres patentées données à Choisy au mois de juillet 1746 par lesquelles S. M. reconnait pour son vray et naturel sujet et Régnicole, le dit Sire Vincent de Lusignan natif de l'isle de Scio, et lui permet de jouir de tous les privilèges, franchises et libertés dont jouissent ses vrays et originaires sujets et Régnicoles ; ces Lettres signé : Louis ; sur le Reply : Par le Roy ; signé : Philipeaux. Scellées et dument registrées en la Chambre des Comptes de Paris le trente août suivant.

Requérait à ces causes le suppléant qu'il plut à S. M. le reconnaître pour noble d'ancienne extraction et en conséquence ordonné qu'il jouira lui ses enfants et postérité nés et à naître en légitime mariage de tous les honneurs, privilèges, franchises et exemptions dont jouissent les autres gentilshommes Régnicoles qui seront inscrits dans les régistres de la noblesse du Royaume et qu'à cet effet toutes lettres nécessaires seront expédiées. Vu la dite requête, ensemble les pièces justificatives d'icelles, ouy le rapport, le Roy étant en son conseil a maintenu et maintient le dit Sire Vincent de Lusignan dans sa noblesse, ordonne qu'il jouira ensemble ses enfants et postérité nés et à naitre en légitime mariage de tous les honneurs, franchises et exemptions dont jouissent les nobles du Royaume. Fait S. M. défense de les y troubler tant qu'ils vivront noblement et ne feront aucun acte dérogeant, et à cet effet veut S. M. qu'ils soient inscrits dans le catalogue des nobles du Royaume, conformément aux règlements et arrêts du Conseil du 22 mars 1666 et 26 février 1697 et seront sur le présent arrêt toutes lettres nécessaires expédiées.

Fait au Conseil d'Etat du Roy S. M. y étant, tenu à Fontainebleau le 19 novembre 1746.

Signé : PHILIPEAUX.

N° 6. — *Procès-verbal. Preuves de la noblesse de Messire Vincent de Lusignan.* — (1721.)

L'an 1721 le treizième jour du mois de juillet au matin à mon frère Charles Rousset de Tilly, gentilhomme de Mgr le duc de Chartres et capitaine dans le régiment de cavalerie de Chartres, chevalier des ordres royaux, militaires et hospitaliers de Notre-Dame du Mont Carmel et de St. Lazare de Jérusalem et frère Bruard de Toulouze de Lautrec, enseigne au régiment des gardes françaises aussi Chevalier des dits ordres, ont été présentés par Vincent de Lusignan gentilhomme de l'isle de Chypre et Pensionnaire du Roy demeurant à Paris rue des Noyers paroisse de St. Etienne du Mont, certaines lettres à nous adressantes et émanées du très haut, très puissant et très excellent Prince Mgr Louis d'Orléans duc de Chartres, colonel général de l'infanterie, gouverneur et lieutenant général pour le Roy à la Province du Dauphiné et grand maitre général tant au spirituel qu'au temporel des ordres Royaux, militaires et hospitaliers de Notre-Dame du Mont Carmel et de St Lazare [de Jérusalem, Bethléem et Nazareth tant deça que de là les Mers par lesquelles il nous est mandé de nous informer et diligemment quérir de la religion, vie, mœurs, naissance légitime et noblesse du dit Sire de Lusignan pour être reçu chevalier des dits ordres Royaux, militaires et hospitaliers de Notre-Dame du Mont Carmel et de

St-Lazare de Jérusalem, les dites lettres datées du huitième du présent mois de juillet au dit an. Signé : Louis d'Orléans. Contre-signé : Doublot. Scellé du sceau des armes de mon dit Seigneur le Grand Maitre et demeurées entre les mains de mon dit frère de Tilly. Pour laquelle commission mettre à exécution selon sa forme et teneur. Nous à la prière du dit Sire de Lusignan et après qu'il nous a fait apparaître la quittance du Trésorier Général de l'ordre, nous sommes aujourd'hui assemblées en la maison de mon dit frère de Tilly rue St. Honoré paroisse St. Eustache pour y entendre et recevoir la déposition des témoins par lui produit et cy après nommés pour l'information de ses bonne vie et mœurs, religion Catholique, apostolique et Romaine. Et à l'instant sont comparus par devant nous Commissaires susdits Messire Claude Gabriel, Aymier Conseiller du Roy en ses Conseils, Président en sa cour de Monnayes de Paris, y demeurant rue des Deux Reus paroisse St. Eustache, âgé de 40 ans, lequel après avoir par lui fait serment en nos mains de dire vérité : Enquis s'il est parent du dit Sire de Lusignan présenté? a dit que non. S'il le connait depuis longtemps? a dit qu'il y a trois ans. S'il sait son nom et le lieu de sa naissance? a dit qu'il s'appelle Vincent de Lusignan et qu'il est de l'isle de Scio. S'il fait profession de la religion Catholique, Apostolique et Romaine? a dit qu'ouy. Si lui ou ses ancêtres sont descendus de races de Juifs, Marames, Sarra-sins ou Mahometans? a dit qu'il n'en a pas de connaissance. S'il fait profession en quelque ordre régulier ou autre religion? a dit qu'il ne le croit pas. S'il occupe quelques biens dépendant de l'Ordre de Saint-Lazare? a dit qu'il ne lui en connait point. Si pères, mères, ayeuls, ayeules, bisayeuls, bisayeules ont exercé arts, marchandises ou banques? a dit que non. S'il a commis quelque action digne de repréhension de justice? a dit que non. S'il est sain de corps et d'entendement et propre à l'exercice des armes? a dit qu'ouy. Et après que lecture a été faite au dit Sieur Aymier il a persisté et signé : AYMIER.

Messire Paul Cristophe Arnauld Conseiller du Roy au Cha-telet de Paris âgé de 30 ans demeurant à Paris rue St. Victor paroisse St. Etienne du Mont, lequel après avoir par lui fait ser-ment en nos mains de dire vérité : Enquis s'il est parent du dit

Sire de Lusignan présenté ? a dit que non. S'il le connait depuis longtemps ? a dit qu'il y a six ans. S'il sait son nom et le lieu de sa naissance ? a dit qu'il s'appelle Vincent de Lusignan et est de l'isle de Scio. S'il fait profession de la religion Catholique Apostolique et Romaine ? a dit qu'ouy. Si lui ou ses ancêtres sont descendus de races de Juifs, Marames, Sarrasins ou Mahometans ? a dit qu'il ne le croit pas. S'il a fait profession en quelque ordre régulier ou autre religion ? a dit qu'il n'en sait rien. S'il occupe quelques biens dépendant de l'Ordre de Saint-Lazare ? a dit qu'il n'en a pas de connaissance. Si ses pères, mères, ayeuls, ayeules, bisayeuls, bisayeules, ont exercé arts, marchandises ou banques ? a dit que non. S'il est obligé envers autruy en grande somme de deniers ? a dit que non. S'il a commis quelque action digne de réprehension de justice ? a dit que non. S'il est sain de corps et d'entendement et propre à l'exercice des armes ? a dit qu'ouy. Et après que lecture a été faite au dit Sire Arnauld il a persisté et a signé en la minute des présentes, ainsy signé : ARNAULD.

Messire Jules François Mac-Mahon Ecuyer âgé de 34 ans, demeurant à Paris rue de la Jussienne paroisse St. Eustache, lequel après avoir par lui fait serment en nos mains de dire verité : Enquis s'il est parent du dit Messire de Lusignan présenté ? a dit que non. S'il le connait depuis longtemps ? a dit qu'il y a trois ans. S'il sait son nom et le lieu de sa naissance ? a dit qu'il s'appelle Vincent de Lusignan et qu'il est né dans l'isle de Scio. S'il fait profession de la religion catholique apostolique et romaine ? a dit qu'ouy. Si lui ou ses ancêtres sont descendus de races de Juifs, Marames, Sarrasins ou Mahometans ? a dit qu'il ne le croit pas. S'il fait profession en quelque ordre régulier ou autre religion ? a dit qu'il n'en a pas de connaissance. S'il occupe quelques biens dépendant de l'ordre de Saint Lazare ? a dit qu'il n'en a pas de connaissance. Si ses pères, mères, ayëuls, ayëules, bisayëuls, bisayëules ont exercé arts, marchandises ou banques ? a dit que non. S'il est obligé envers autruy en grande somme de deniers ? a dit que non. S'il a commis quelque action digne de réprehension de justice ? a dit que non. S'il est sain de corps et d'entendement et propre à l'exercice des armes ? a dit qu'ouy. — Et après que lecture a été faite au dit Messire Mac-Mahon il a persisté et signé en la minute des présentes : ainsy signé : MAC-MAHON.

Et le même jour est encore comparu par devant Nous Commissaire susdit le dit Sire de Lusignan présenté, lequel nous a a dit que ne pouvant produire d'autres titres pour prouver sa religion, naissance légitime et noblesse que son extrait de baptême et un certificat de M. de Ferriol Ambassadeur Extraordinaire de S. M. à la Porte Ottomane et une enquête faite par ordre de la Cour du Consulat de Messine pour la République de Gênes et nous priait d'employer ces trois pièces dans notre procès verbal ce que nous lui avons accordés après qu'il a juré et affirmé qu'elles sont véritables et qu'il a signé en la minute des présentes, ainsy signé : Vincent DE LUSIGNAN.

Et procedant à l'examen des dites pièces nous avons vu premièrement l'extrait du registre des baptêmes de l'Eglise de Scio portant que Vincent de Lusignan fils de Messire Jacques de Lusignan et de Marie Soffieti fut baptisé le 23 Octobre 1697 ; le parrain Ignace Justiniani, la marraine Pauline femme de Dominique Tubini. — Cet extrait délivré à Scio le 19 Décembre 1706 Signé : M. Henri Vicaire Général de l'Eglise de Scio. Plus le certificat donné à Paris le 19 Février 1721 par M. Charles de Ferriol ci-devant Ambassadeur Extraordinaire de S. M. à la Porte Ottomane, portant que le dit Sire Vincent de Lusignan fils de Jacques de Lusignan et de Marie Soffieti est né à Scio, qu'il est catholique, apostolique et romain de même que ses pères et mères et des plus considérables de cette isle les connaissant particulièrement ; ce certificat signé : Ferriol, est scellé en cire rouge du cachet de ses armes.

Plus l'enquête faite l'an 1692 par ordre de la Cour du Consulat de Messine pour la république de Gênes, dans laquelle Dom. Isidore Justiniani de Scio, Jean Christilio fils de Louis de la ville de Nicosie ; Joseph Daniel fils de Jules Daniel de Scio et Nicolas Reggio fils de Pierre Reggio aussi [de Scio, tous habitants de Messine et témoins ouys déposent que la famille de Lusignan est une des plus nobles et des premières du Royaume de Chypre ; qu'elle y était connue dès le temps que ce Royaume était sous la domination des Princes Chrétiens; qu'elle est vieille de 800 ans, qu'elle a exercé les premières charges affectées à la noblesse; que Mgr. Nicolas de Lusignan, après la mort de sa femme, fut fait Archevêque de la ville de Famagouste; que Thomas son fils s'étant attaché au service du Roy d'Espagne fut Maître de la Chambre de S. M. Catholique et agregé à la famille de Cardone; que Zacharie autre fils du même Nicolas, résidant à Scio, y était réputé gentilhomme noble comme issu de la famille de Lusignan; que Mgr. Nicolas fils de Zacharie s'établit à Madrid, fut aussi agregé à la maison de Cardone, Maître de la Chambre de S. M. Catholique et gentilhomme riche et fort estimé comme il se justifie par un livre imprimé à Madrid avec autorisation du Roy l'an 1642 sous le titre de « Trésor Militaire de la Chevalerie, » et que le dit Seigneur Nicolas avait plusieurs frères, lesquels étaient aussi reconnus pour gentilshommes et personnes nobles ; cet acte tiré des registres du Consulat de Messine pour la république de Gênes signé : Thomas Savignoni; — Jérôme Baresi Chancelier dudit Consulat de Messine le 1 juillet 1690, délivré par copie, collationné à l'origine représenté par le dit Jacques de Lusignan à Scio, le 28 Mars 1721 Signé Roux Chancelier du Consulat de France à Scio, légalisé le même jour, Etienne Marigny Ecuyer, Conseiller du Roy, Consul de France à Scio.

Les quelles pièces ayant été examinées et ci-dessus employées par nous Commissaires susdits et soussignés sont aussi rapportées dans le mémorial dressé par le Sieur Guiblet, généalogiste des Ordres Royaux, Militaires et Hospitaliers de Notre Dame du Mont Carmel et de St. Lazare de Jérusalum, et de lui certifiées pour être annexées à notre présent procès-verbal que nous avons clos les dits jours et an que ci-dessus, notre avis étant qu'attendu les témoignages ci-dessus, les certificats et enquêtes par lesquels il paraît que le Sire Vincent de Lusignan présenté est de la religion catholique, apostolique et romaine, que la famille de Lusignan est une des plus nobles et des premières du Royaume de Chypre, et comme il y a 800 ans, Monseigneur le Grand Maître peut le recevoir Chevalier de Justice des dits Ordres, s'il plaît à mon dit Seigneur lui faire cet honneur et le dispenser de plus amples preuves, et pour témoignage que notre dit procès-verbal contient vérité, nous l'avons signé et ce icelui apposé le cachet de nos armes pour en être fait rapport par Monsieur le Chancelier et garde des Sceaux des Ordres au prochain conseil d'iceux.

Signé : DE TILLY.

DE LAUTREC.

Et scellé du cachet des armes des dits Sieurs Commissaires.

Je soussigné Chevalier et Commandeur, Greffier et Secrétaire Général de l'Ordre de Saint Lazare, certifie la présente expédition conforme à son original.

A Paris, le 22 juin 1737.

Signé : DE LORNÆ.

N° 7. — *Lettre de Réception de Chevalier de Justice dans les Ordres Royaux, Militaires et Hospitaliers de Notre Dame du Mont Carmel et de Saint Lazare de Jérusalem, Bethléem et Nazareth à Messine,*

VINCENT DE LUSIGNAN — (1721).

Louis d'Orléans, duc de Chartres Premier Prince du Sang et Premier Pair de France Colonel Général de l'infanterie, gouverneur et lieutenant Général pour le Roy de la province du Dauphiné et Grand Maître Général tant au spirituel qu'au temporel des Ordres Royaux, Militaires et Hospitaliers de Notre Dame du Mont Carmel et de Saint Lazare de Jérusalem Bethléem et Nazareth tant deçà que delà les Mers, à tous ceux que ces présentes lettres verront salut !

Sçavoir faisons qu'ayant ouy l'humble prière qui nous a été faite par noble Vincent de Lusignan gentilhomme du Royaume de Chypre et Pensionnaire du Roy à ce qu'il nous plut le Recevoir Chevalier de Justice dans nos dits ordres, ayant été particulièrement informé de ses bonnes vie, mœurs, religion catholique, apostolique et romaine, naissance légitime et noblesse, tant par l'enquête qui en a été faite que par les autres preuves qui ont été mises en mains des Commissaires par nous à ceux députés dont

nous a été fait rapport, à ces causes et autres considérations
—*mot illisible*— nous avons le dit Sire Vincent de Lusignan
fait crée et reçu; Maisons, Créons et Recevons Chevalier de
Justice des dits Ordres Royaux, Militaires et Hospitaliers de
Notre Dame du Mont Carmel et de Saint Lazare de Jérusalem
pour jouir par lui des honneurs, dignités, franchises, préemi-
nences, libertés, droits et privilèges accordés par les Souverains
Pontifes, Empereurs et Roys chrétiens, tenir rang parmi les
chevaliers des dits Ordres à compter du jour et date des présentes,
ainsi qu'il a été inscrit dans les registres des dits ordres, avec pouvoir au dit Sire de Lusignan de posséder commanderie, pension
sur toutes sortes de bénéfices, quoique marié, et de porter la croix
et le collier des dits ordres, à condition d'en observer les statuts
sans·y contrevenir directement ny indirectement et de se rendre
auprès de nous toutes et quantes fois qu'il en sera requis pour le
service du Roy Notre Souverain. Seigneur et pour le bien et
utilité des dits ordres.

Sy Donnons en Mandement à tous Commandeurs, Chevaliers,
Officiers des dits ordres, Chapelains frères servant d'armes et à
tous autres qu'il appartiendra de reconnaître le dit Sire Vincent
de Lusignan, Chevalier de Justice des ordres Royaux, Militaires
et Hospitaliers de Notre Dame du Mont Carmel et de St. Lazare
de Jérusalem, de recevoir en cette qualité dans toutes les
assemblées publiques et capitulaires des dits Ordres, à le laisser
faire jouir de tous les privilèges dont jouissent les Chevaliers
d'iceux, car telle est notre intention.

En témoin de quoy nous avons signé ces présentes de notre
main, scellées fait contre signées par notre frère Chevalier,
Commandeur, Greffier et Secretaire Général des dits Ordres et
scellées du Sceau d'iceux.

Données à Paris le dix septième jour du mois de juillet 1721.

Signé : Louis D'Orléans.

Par Monseigneur

Signé : Boulard.

Visa pour duplicata
Signé : Bose.

N° 8. — *Collationné par nous avocat, conseiller du Roy à Paris huit octobre* 1790.

Signé : PETIT DELAFOSSE.

Brevet du Roy de Premier Lieutenant en la compagnie des canonniers de la Guerle au régiment de Grenoble en faveur de Messire Nicolas de Lusignan.

Monsieur le comte de Rostaing ayant donné à Nicolas de Lusignan lieutenant en 2° dans la brigade ci-devant de Beaussire de mon corps royal de l'artillerie l'une des charges de lieutenant en premier en la compagnie des canoniers de la guerre au régiment de Grenoble de mon dit corps, qui doit être formé en conséquence de mon ordonnance du 13 août dernier avec le fond de la dite brigade, je vous écris cette lettre pour vous dire que vous aïez à la recevoir et la faire reconnaître en la dite qualité de lieutenant en 1er dans la dite compagnie de tous ceux et ainsy qu'il appartiendra avec le rang qu'il a tenu jusqu'à présent dans mon corps en vertu de ses premières Lettres de lieutenant. Et la présente n'étant pour autre fin je prie Dieu qu'il vous ait, Monsieur le comte de Rostaing, en sa sainte garde.

Ecrit à Fontainebleau, le 19 octobre 1769.

Signé : *Louis*
duc de Choiseul.

DÉPARTEMENT DES BOUCHES-DU-RHONE.

Ville de Marseille.

N° 9. — *Extrait des Registres des Actes de l'État civil.*

L'an mil sept cent trente huit et le cinquième novembre, après une publication faite de part et d'autre dans l'église de cette paroisse sans qu'aucun empêchement aye été découvert, vu la dispense des deux autres, l'insinuation et le controlle ecclésiastique du 31 octobre signé : Laurens; vu aussi la permission de Monseigneur le comte de Maurepas, Ministre et Secrétaire d'Etat de la marine, sur le présent mariage par sa lettre adressée à M. d'Hericourt intendant des galères du 26 octobre dernier, j'ay marié par paroles de présent Messire Vincent de Lusignan Chevalier des ordres Royaux militaires de Jérusalem et Hospitaliers de Notre Dame du Mont Carmel et de St. Lazare de Jérusalem, commissaire des galères du Roy, fils de feu Sre Zacherie de Lusignan et de feue dame Marie Soffiety de l'isle de Scio dans l'Archipel, âgé d'environ trente huit ans, résident en cette ville d'une part, et dame Marie Anne Paulin de Boullay veuve de feu Messire Antoine Yacinthe Latil, vivant commissaire des galères du Roy, fille de feu Monsieur Paulin de Boullay et de feue dame Jeanne Vatier de Paris, âgée d'environ trente sept ans, résidant en cette ville d'autre, le tout en présence des témoins requis savoir : M. Louis Jérôme de Langerie, Commissaire général des classes ; M. Jacques Remuzat ancien premier echevin de cette ville ; M. Jean Baptiste Ponsoye bourgeois de cette ville ; M. Charles Cardin Le Guay secrétaire de l'intendance signés avec nous. Signé : de Lusignan; A. Paulin du Boullay, de Langerie; Ponsoye, Remuzat; Le Guay ; Crouvien Curé.

N° 10. — DÉPARTEMENT DES BOUCHES-DU-RHONE.

Ville de Marseille.

Extrait des Registres des Actes de l'État civil.

Jean Baptiste Jacques Madeleine de Lusignan fils naturel et légitime de Messire Vincent de Lusignan Chevalier des ordres Royaux et Militaires de N. D. du Mont Carmel et de Saint Lazare de Jérusalem, Commissaire des galères, et de dame Marie Anne Paulin du Boullay, est né ce jourdui vingt deuxième juillet 1742 et a été baptisé le même jour dans l'église de cette paroisse. Son parrain a été Messire Jean Baptiste du Boulay, représenté par Messire Jean Baptiste Latil; le père present, tous ont signé avec nous. Signé : de Lusignan, Latil, Long Prêtre.

N° II. — DÉPARTEMENT DES BOUCHES-DU-RHONE.

Ville de Marseille.

Extrait des Registres des Actes de l'État civil.

Marguerite Sophie-Pauline de Lusignan fille naturelle et légitime de Messire Vincent de Lusignan Chevalier, Commissaire des Galères et Chevalier de l'ordre de Saint Lazare, et de dame Marie Anne Paulin du Boullay née et ondoyée par permission des supérieurs le 20 juillet 1740 a reçu les cérémonies du baptême dans cette église paroissiale ce jourduy vingt huitième novembre. Son parrain a été St René du Boullay représenté par M. Alexandre Antoine Latil; sa marraine Dame Marie True représentant Dame Marie de Lusignan; le père et la mère présents, tous ont signé avec nous. Signé : Marie True, Alexandre Latil, de Lusignan, Paulin du Boullay ; de Lusignan; Long Ptre.

N. 12. — *Acte de décès de Messire Vincent de Lusignan.* — *Extrait du Registre des Sepultures de l'Église Royale et Paroissiale de Notre Dame de Versailles, Diocèse de Paris, pour l'année 1786.*

L'an mil sept cent quatre vingt six, le sept novembre, Messire Vincent de Lusignan ancien Ecuyer de main de la feue Reine, Commandeur de l'ordre de Saint Lazare, veuf de Dame Anne Marie Paulin décédée d'hier âgée de quatre vingt neuf ans, a été inhumé par nous soussigné curé en présence de Monsieur Antoine Renault, Précepteur des Pages de la Chambre de Monsieur frère du Roi et de Monsieur Claude Alexis de Caix de Bonval garde du corps de Monsieur, qui ont signé ainsi :

Renault, de Caix de Bonval, Villain de Chouzy et Jacob Curé.

Nous soussigné Prêtre de la congrégation de la Mission, faisant les fonctions curiales en l'Église Royale et Paroissiale de Notre Dame de Versailles, dépositaire des registres de la même

Église, certifions le présent extrait véritable et conforme à l'original.

A Versailles le treize novembre mil sept cent quatre vingt six.

Signé : ARNAULT Ptre.

Joseph Froment Écuyer, Conseiller du Roi; Bailly, Juge civil criminel et lieutenant général de Police au Baillage Royal de Versailles, certifions à qui il appartiendra que Monsieur Arnault qui a signé l'extrait mortuaire de l'autre part, est tel qu'il se qualifie et que foy doit être ajoutée à sa signature tant en jugement que hors.

En témoin de quoy nous avons signé ces présentes.

Données à Versailles en notre hôtel le seize novembre 1786.

Signé : FROMENT.

N° 13. — TESTAMENT DE MESSIRE VINCENT DE LUSIGNAN.

Ensuite du testament et ordonnances de dernières volontés de Messire Vincent de Lusignan Chevalier, Commandeur de l'ordre de St-Lazare et ancien écuyer de main de la feue Reine, reçu par M. le Roy notaire soussigné, qui en a minute, en présence de témoins, le dix neuf mai mil sept cent quatre vingt six, controlé et imuné à Versailles le sept novembre suivant par L'énard, est un codicile reçu par le même notaire en présence de témoins le vingt octobre au dit an mil sept cent quatre vingt six controlé et imuné au dit Versailles le sept novembre suivant, dont a été extrait littéralement ce qui suit : « Et pour exécuter mon testament et le présent codicile je nomme M. Renault Précepteur des Pages de la « Chambre de Monsieur et Chapelain du Couvent de Versailles « au lieu et place de M. Aufin. »

Extrait et collationné par le Conseiller du Roy, notaire de sa Cour à Versailles soussigné sur la minute du dit codicile étant ensuite de celles des testaments et ordonnances de dernières volontés du dit Sire de Lusignan ci-devant dattés le tout étant en la possession du notaire soussigné qui en a délivré le présent extrait aujourd'hui 19 novembre 1786.

Signé : LE ROY.

Nous Joseph Froment, Ecuyer, Conseiller du Roy, Bailly, juge civil, criminel et Lieutenant général de Police au Baillage Royal de Versailles, certifions à qui il appartiendra que Monsieur Le Roy, qui a signé l'extrait de l'autre part est notaire du Roy et de sa Cour à Versailles et que foi doit être ajoutée à sa signature.

En témoin de quoi nous avons signé ces présentes.

Données à Versailles en notre hôtel le seize novembre mil sept cent quatre vingt six.

Signé : FROMENT.

N° 14. — *Lettre de l'Aumonier de Monsieur frère du Roi Louis XVI adressée à Jacques de Lusignan.*

Feu Monseigneur Vincent de Lusignan, votre oncle, commandeur des ordres de Saint Lazare et du Mont Carmel, ayant terminé sa carrière le six novembre dernier *et n'ayant laissé aucun parent en France,* je suis chargé en ma qualité d'exécuteur testamentaire de vous apprendre cette triste nouvelle, mais j'ai au moins la douce satisfaction de vous assurer qu'il est mort comme il a vécu en parfait chrétien, avec une résignation admirable. Son seul regret a été de n'avoir pas eu le temps de faire face à plusieurs dettes assez considérables qu'il avait contractées anciennement dans des temps de revers. Quelle joie il aurait eue de pouvoir faire du bien à une famille qu'il aimait tendrement et dont il m'a souvent parlé avec les sentiments du meilleur des pères ! mais son heure était venue et la Providence toujours admirable dans ses desseins en avait disposé autrement, respectons ses décrets et prions la de le faire jouir au plus tôt des trésors ineffables de sa divine miséricorde.

Les dettes de feu Monseigneur votre oncle se montent à près de 120.000 fr. ; son avoir ira tout au plus à 110.000 fr. ; j'espère cependant pouvoir faire face à tout, parce que dans le nombre de ses dettes il y en a quelques-unes de prescrites au moins je l'espère, peut-être même y aura t-il quelque revenant bon au reste. Je ferai tout ce qui dépendra de moi pour répondre à la confiance dont m'a honoré le cher défunt et vous prouver que je n'aurai pas plus négligé les intérêts de sa famille que les miens propres dans une pareille occasion. La liquidation de cette succession sera longue eu égard à l'absence de quelques créanciers et à quelques recouvrements que je ne pourrai faire qu'en 1789. Il sera bon que vous voyiez tous les parents qui ont droit à sa succession et que vous fassiez faire en commun une procuration devant notaire, signée de tous, par laquelle vous donnerez à quelqu'un d'ici plein pouvoir pour recevoir mes comptes quand je serai en état de les rendre, si mieux vous n'aimez me le donner à moi-même pour agir en votre nom et soutenir vos intérêts.

Quand tout sera terminé, j'aurai des titres et papiers de famille à vous faire passer en me marquant la voie la plus sûre et la plus commode. Vous trouverez ci-joint un extrait de mort et un extrait du testament du défunt. Honorez-moi je vous prie, le plus tôt, d'une réponse et souvenez-vous qu'il faut qu'il y ait ici quelqu'un qui soit fondé de procuration pour les héritiers; autrement les affaires seraient plus longues à terminer et les frais de procédure plus dispendieux. Votre cousin le Dominicain, maître du Sacré Palais, est instruit ou le sera dans peu de la mort de votre cher oncle. Madame de Lusignan fille du défunt et religieuse ursuline, a dû la lui écrire, elle doit aussi vous la faire savoir sous peu.

J'ai l'honneur d'être, en attendant votre réponse, avec les sentiments de la plus parfaite considération et du plus respectueux dévouement.

Votre très humble et très obéissant serviteur.

Signé : l'abbé RENAULT.

Votre cousine la religieuse est pénétrée vivement de la perte qu'elle vient de faire, elle me charge de mille compliments pour vous et vous prie de faire agréer à votre cher papa ses tendres et respecteux sentiments. Mon nom de baptême est Antoine; mon adresse : Abbé Renault Chapelain des Dames Chanoinesses Régulières de Saint-Augustin et Précepteur des Pages de la Chambre de Monsieur frère du Roi. Avenue de Saint-Cloud à Versailles.

N° 15. — *Attestation envoyée à Paris à l'abbé Renault comme quoi Jacques de Lusignan est neveu de Messire Vincent de Lusignan.*

In nomine Dm. Amen. Presenti scripto publico notum facimus et attestamus qualmenti il Sig. Giacomo de Lusignan del Sig. Pietro è figlio unico legittimi et meto del dto. Sign. Pietro de Lusignan procreato da legitimo matrimonio dal detto Sig. Pietro et dalla Feliciana de Stefany legitimo conjuji et che esso Sig. de Lusignan ed il pm. Sig. Vincenzo de Lusignan che era nel regno di Francia e che mori come si dice in Versailles furono fratelli utri onque congiunti nati a Scio figli legmi. e nati del quondam Sig. Giacomo de Lusignan procreatti da legmo. matrimonio dal dto. p. Sig. Giacomo e dalla p. Sig. Maria Soffieti legmi. conjugi siccome hanno attestato col loro giuramento li Ssar. Domenico Maranezo, p. Antonio d'anni settanta ed il Sig. Domenico Corsi p. Giovanni detta d'anni sessanta due siccome dissero interrogatti ambidue da Scio dimoranti al presente qui a Smirne testimonii donne degni di fedei quali interrogatti ed esaminatta qui è pura verità il quanto sopra narrato e lo sanno perche conoscono ed hanno conosciutto tutti li sopro nominati li quali essendo persone riguardevoli a Scio li conoscevano molto bene et sanno che è pura verità il quanto hanno testificatto il che è publico e notario per tutta la città di Scio in fede di che sottoscrivano de lore proprio pugno.

Dati a Sm. l'anno della natività del Sig. mille sette cento ottanta otto lo sei agosto la mattina.

Domenico Maranezo, p. d. a. Testimonio.

Domenico Corsi, p. Gio. Testimonio.

Io Nicolò De Portu p. Vincenzo notar publico di Scio dimorante pro interim qui a Smirne, richiesto ho scritto la pate. fede et l'ho sottoscritta segnandola con il mio solito segno di tabellione oiûm permissorum.

Nous Joseph Amoureux Consul général de France à Smyrne et Iles de l'Archipel certifions et attestons à tous qu'il appartiendra que le Sr Nicolo De Portu, qui nous a déclaré avoir reçu et signé l'acte ci-dessus, est notaire public à Scio et actuellement en cette ville de Smyrne et que foi doit être ajoutée à sa signature tant en jugement que dehors.

En témoignage de quoi nous avons signé ces présentes que nous avons fait contre signer par notre Chancelier et à y celles fait apposer le Sceau Royal de ce consulat à Smyrne le 20 Aoust 1788.

Signé : AMOUREUX.

Par Monsieur le Consul Général.

Le Chancelier,

Signé : FONTON.

N° 16. — *Décharge envoyée à Versailles à M. l'abbé Antoine Renault par Jacques de Lusignan.*

L'an mil sept cent quatre vingt huit et le vingt neuvième Aoust avant midy par devant nous Chancelier du consulat Général de France à Smyrne et les témoins soussignés fut present sieur Jacques de Lusignan résident en cette ville de Smyrne lequel a de son gré autorisé et autorise par ces présentes monsieur l'abbé Antoine Renault domicilié à Versailles de se désaisir de tous les papiers et titres de famille laissés entre ses mains par feu Vincent de Lusignan oncle du comparant et de remettre et consigner les dits titres et papiers à dame de Lusignan sa cousine religieuse au couvent des Ursulines rue Saint Jacques — de Lusignan nous a requis acte concédé et passé au dit — il y a douze mots de rayés — Paris quoi faisant le dit M. l'abbé Renault sera valablement déchargé en vertu des présentes, dont le sieur Jacques de Lusignan nous a requis acte concédé fait et passé au dit Smyrne dans la Chancellerie du Consulat Général de France présents les Sieurs Marcel et Vincent Dauphin témoins requis et signé avec le dit Sieur Jacques de Lusignan et nous dit Chancelier.

Signé : Jacques de Lusignan.
Marcel Cousinéry.
Vincent Dauphin.
Fonton Chancelier.

N° 17. — TESTAMENT DE JACQUES DE LUSIGNAN.

Au nom du Père et du Fils et du Saint Esprit. Amen.

Je soussigné Jacques de Lusignan fils du feu Pierre de Lusignan et héritier légitime et direct des Lusignan de Chypre dits d'Outre-mer ;

Vu mon défaut d'héritier mâle ;

Vu l'autorisation de la loi accordée à ce défunt de s'en choisir un pour perpétuer le nom de sa race ;

Vu que depuis longtemps j'ai reconnu dans le monde comme héritier de ma maison mon neveu Charles Simon Clément Roux de Lusignan, fils légitime de ma sœur Annonciation de Lusignan.

Vu que mon susdit neveu remplit toutes les conditions de moralité, d'instruction et de fortune que la loi peut exiger de l'héritier d'une maison aussi ancienne et aussi noble que celle des Lusignan ;

Vu aussi le consentement de mon susdit neveu ;

Par le présent acte signé volontairement de ma main, je déclare mon susdit neveu héritier de mon nom, titres et tous mes droits, et lui ordonne de recourir auprès de qui de droit pour reconnaître comme tel lui et ses descendants.

Smyrne, le 30 Juin 1859.

Signé : J. de Lusignan.

Pour avération de la signature de feu J. de Lusignan.
Le Chancelier du Consulat Général de France.

Smyrne, le 11 Juin 1860.

Signé : DE GASPARY.

Pour la légalisation de la signature de Monsieur Al. de Gaspary, le Chancelier de ce Consulat général.

Smyrne, le 11 Juin 1860.

Le Consul général de France.

Signé : M. MURE.

FIN

184

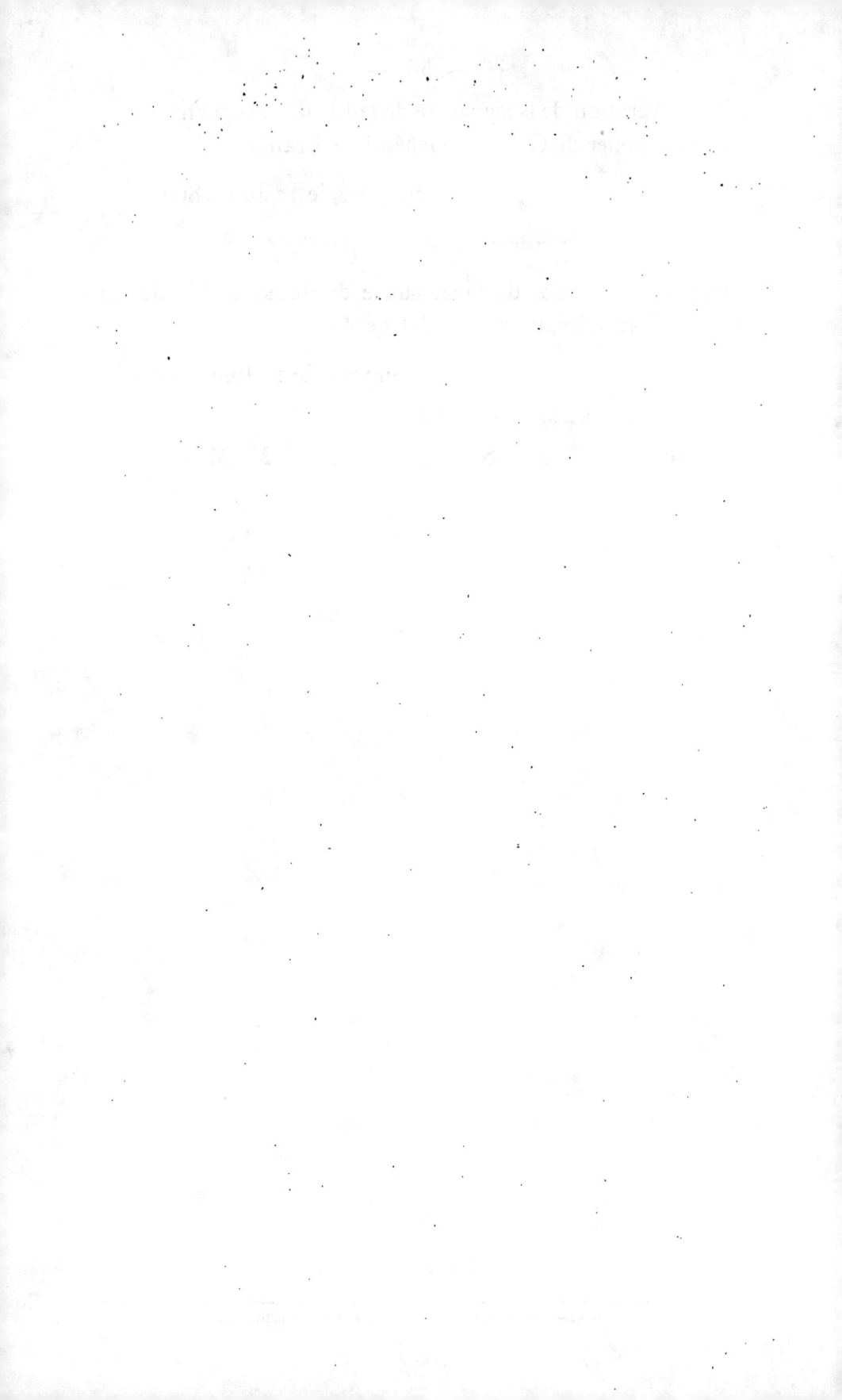